**기독교문서선교회** (Christian Literature Center: 약칭 CLC)는 1941년 영국 콜체스터에서 켄 아담스에 의해 시작되었으며 국제 본부는 미국 필라델피아에 있습니다. 국제 CLC는 약 650여 명의 선교사들이 59개 나라에서 180개의 서점을 운영하며 이동 도서 차량 40대를 이용하여 문서 보급에 힘쓰고 있으며 이메일 주문을 통해 130여 국으로 책을 공급하고 있는 국제적 문서선교 기관입니다.

추천사 1

송 영 광
D-LAB 대표

　인간이 물질의 우연한 조합이라는 관점과 인간의 욕심이 만났을 때 발생하는 파괴적 결과를 담백하게 정리했습니다.
　저자는 단순한 음모론적 주장을 넘어, 명확한 출처를 제시하며 객관적이고 학문적인 균형을 유지했습니다. 이런 수고에 깊은 감사를 표합니다.
　책을 읽으며 인간의 죄 된 욕망으로 발전하는 기술 사회의 유일한 해결책은 예수 그리스도와 그의 몸 된 교회의 완전한 연합에 있다는 점을 다시 한번 생각하게 됩니다.
　현대 기술과 인간 본성의 관계에 관심 있는 독자들에게 일독을 권합니다.

추천사 2

윤 진 희 박사

세종대학교 수학통계학부 교수

『AI 이후 트랜스휴먼』은 우리 시대의 가장 중요한 질문 중 일부를 탐구하는 심오한 책입니다. KAIST 공학석사 출신인 저자는 AI와 트랜스휴머니즘의 기술적, 철학적, 신학적 함의를 예리하게 분석하여 우리에게 새로운 통찰을 제공합니다.

이 책은 단순히 기술적 진보의 이야기를 넘어서, 이러한 변화가 인간 존재의 본질에 미칠 수 있는 영향을 깊이 성찰합니다. 특히, 로마제국 시절 기독교 박해와 밀라노 칙령을 통해 기독교가 공인 받는 과정을 현대의 기술적 혁신과 비교하면서, 현재와 미래의 도전을 진지하게 고민하게 만듭니다. 에필로그에 제시된 '호모 데우스'의 개념은 현대 사회에서 AI와 트랜스휴머니즘이 어떤 방향으로 나아갈지에 관한 경고와 성찰을 담고 있습니다.

이 책은 기술적 권력의 집중이 가져올 수 있는 윤리적, 영적 문제를 신중히 고려해야 함을 강조하며, 독자들에게 중요한 선택과 세계관의 정립을 촉구합니다. 신앙과 과학이 만나는 지점에서 이 책은 깊은 지혜와 통찰을 제공하며, 기독교인과 일반인 모두에게 큰 도전과 영감을 줍니다. 『AI 이후 트랜스휴먼』을 통해 우리는 급변하는 세상 속에서 어떻게 살아가야 할지, 무엇을 지켜야 할지에 대한 중요한 지침을 얻을 수 있을 것입니다.

저자의 깊은 신앙과 학문적 역량이 집약된 이 책을 모든 이에게 강력히 추천합니다.

추천사 3

이 지 은 박사

세종대학교 수학통계학부 교수

김민정 님의 책 『AI 이후 트랜스휴먼』은 기독교적 관점에서 인공지능과 트랜스휴먼을 어떻게 이해할 수 있는지 탐구한 작품입니다.

이 책은 급변하는 현대 사회에서 인공지능을 완전히 배제할 수 없지만, 인간만이 지닌 고유한 특성이 신적인 영역에 속해 있음을 강조합니다. 하늘에서 온 진정한 호모 데우스인 예수 그리스도로부터 얻는 깨달음을 통해, 독자들은 트랜스휴먼 시대를 새로운 시각으로 바라보게 됩니다.

이 책을 통해 많은 사람이 AI 시대에 대한 깊은 통찰을 얻게 될 것입니다.

추천사 4

고 차 원

삼성전자 수석연구원, 연세대학교 신소재공학과 겸임교수

  폭넓은 역사적 맥락과 과학적 정확성 및 철학적 깊이를 바탕으로 AI의 발전이 인류에게 어떤 의미가 있는지, 그리고 미래 기술이 우리의 삶을 어떻게 변형시킬지에 대하여 깊은 통찰을 접하였습니다.

  우리가 어떻게 이 변화의 물결을 타야 할지에 관한 폭넓은 사고와 변화를 준비하고 미래를 형성하는 데 필요한 지식과 통찰력을 접하길 원하는 분들에게 추천합니다.

# AI 이후 트랜스휴먼

THE AGE OF AI AND TRANSHUMAN
Written by Kim Min Jeong
All rights reserved.
Korean Edition Copyright ⓒ 2024 by Christian Literature Center, Seoul, Korea

AI 이후 트랜스휴먼

2024년 9월 26일 초판 발행

지 은 이 　| 김민정

편　　 집 　| 이신영
디 자 인 　| 이보래
펴 낸 곳 　| (사)기독교문서선교회
등　　 록 　| 제16-25호(1980. 1. 18.)
주　　 소 　| 서울특별시 동대문구 천호대로71길 39
전　　 화 　| 02-586-8761~3(본사) 031-942-8761(영업부)
팩　　 스 　| 02-523-0131(본사) 031-942-8763(영업부)
이 메 일 　| clckor@gmail.com
홈페이지 　| www.clcbook.com
송금계좌 　| 기업은행 073-000308-04-020 (사)기독교문서선교회
일련번호 　| 2024-108

ISBN 978-89-341-2741-3(03230)

이 책의 출판권은 (사)기독교문서선교회가 소유합니다.
신저작권법에 의하여 한국 내에서 보호받는 저작물이므로 무단 전재와 무단 복제를 금합니다.

AI 이후 트랜스휴먼

김민정 지음

CLC

목차

추천사 1	송영광 | D-LAB 대표	1
추천사 2	윤진희 박사 | 세종대학교 수학통계학부 교수	2
추천사 3	이지은 박사 | 세종대학교 수학통계학부 교수	4
추천사 4	고차원 | 삼성전자 수석연구원	5

| 발간사 | 박영호 \| 전 한국성서대학교 교수 | 13 |
| 프롤로그 | | 16 |

| 제1장 | **AI와 신네피림의 귀환** | 18 |

제2장	**AI 인공지능 기술**	27
	1. 인공지능의 여정: 역사와 발전 과정	28
	2. 인공지능의 구분: 응용 AI vs. 범용 인공지능(AGI)	30

| 제3장 | **AI 발전의 미래, 인간 강화와 트랜스휴먼** | 48 |

1. 사이보그, 기계적 하이브리드   51

2. 키메라, 생물학적 하이브리드   67

| 제4장 | **인간 강화와 문화 예술** | 88 |

1. 신이 된 사람 '호모 데우스'   88

2. 트랜스휴머니즘: 고대의 꿈에서 현대의 현실까지   90

3. 하이브리드 아트, 아르스 일렉트로니카   94

4. 하버드대학교 미학과 문학학과 교양 과목   99

| 제5장 | **윤리적 문제** | 103 |

    1. 인간 강화와 윤리   103

    2. 장기주의와 트랜스휴머니즘   105

    3. 인간 종의 혼란   107

    4. 두 가지 세계관의 충돌과 혼돈   110

    5. 예수가 보여준 호모 데우스 정신   116

에필로그   118

감사의 글   120

발간사

인공지능(AI) 기술은 현재 우리 사회와 경제에 혁명적인 변화를 가져오고 있습니다. AI의 발전은 다양한 산업 분야에서 혁신을 촉진하고 있으며, 미래 사회를 변화시키는 중요한 역할을 하고 있습니다.

이에 기독교문서선교회(이하 CLC)는 다음과 같은 이유로 한국교회 성도들에게 인공지능에 관한 도서를 지속적으로 제공하고자 합니다.

이해의 필요성: AI 기술은 매우 복잡하고 다양한 분야에 걸쳐 적용되고 있습니다. 특히, 생명공학 분야의 최대 난제였던 '단백질 접힘'(단백질이 몸속에서 입체 구조를 형성하는 과정) 연구를 2년 만에 해결한 것은 주목할 만한 성과이며 금융 자문 분야에서의 활용은 이미 일상화되었습니다. 이에 일반 대중도 AI에 대한 기본적인 이해가 필요하며, 이를 통해 기술의 발전과 활용 방안을 이해할 수 있습니다.

위험 대비: AI의 발전은 다양한 위험과 도전을 야기할 수 있습니다. 이미 딥페이크 기술은 여러 범죄를 낳고 있습니다. 최근엔 '주어진 데이터나 맥락에 근거하지 않는 잘못된 정보를 생성'하는 '할루시네이션(Hallucination) 현상'이 주목받고 있습니다. 이는 맹목적으로 AI에 의존하는 인류를 향한 엄중한 경고라고 할 수 있습니다. 이와 같은 위험에 대비하기 위해 관련 지식의 함양은 이제 필수입니다.

기술적 발전: AI 기술은 하루가 다르게 발전하고 있습니다. 이것은 인류에 엄청난 혜택이자 기회입니다. AI 위험성을 대비하고 기술의 발전에 올라타 변혁의 주체가 되기 위해서는 AI에 관한 최신 기술과 트렌드를 파악하고 기독교 세계관 안에서 바르게 적용하기 위한 학습이 필요합니다.

사회적 영향: AI의 발전은 일상의 모든 것을 변화시키고 있습니다. 보편화된 AI로 인해 약 1,400만 개의 일자리 감소와 직업 변화 그리고 사회적 차별 문제가 발생할 것입니다. 나아가 '슈퍼 AI'가 인류 멸종의 지름길을 건설할 것이라는 가설은 점차 현실화되고 있습니다. 이런 AI 기술 혁명에 적응하려면 유연성을 키워야 합니다. 바른 성경관 위에 세워진 유연성과 분별력만이 격변하는 AI의 영향

력에 적절히 대응할 수 있도록 그리스도인의 삶을 견인할 것입니다.

기독교문서선교회(CLC)는 이러한 AI의 도전 앞에 선 한국 교회 성도에게 바른 신학과 바른 기독교 세계관에 입각한 인공지능에 대한 정보를 제시하여 AI 시대를 성공적으로 대처할 수 있도록 가이드 하겠습니다.

프롤로그

급변하는 세계에서 우리의 삶은 어떻게 변하게 될까?

고급 인공지능, 챗GPT와 같은 기술이 현실에 등장했다. 생명공학은 빠르게 발전하고 있고, 일부 과학자와 전문가는 인간보다 더 똑똑하고 오래 사는 존재를 창조하려는 꿈을 추구하며, 그 꿈을 실현시킬 기술들을 개발하고 있다.

인공지능(AI), 신경 인터페이스, 유전자 편집, 나노 기술 등이 포함된 기술들은 인간의 극노화와 초월적 지능의 현실화 가능성에 한 걸음 다가서게 한다.

인류의 영생과 초월에 대한 열망은 결코 새로운 것이 아니다. 인간의 능력을 확장하려는 시도는 과거의 비법과 신화에서도 찾아볼 수 있다.

그리스 신화에서는 불사(不死)의 약을 찾아 나선 헤라클레스의 모험을 볼 수 있다. 북유럽 신화에는 신들이 불멸을 유지하기 위해 이둔의 사과를 먹는 이야기가 있다. 중동의 서사에는 질병을 치유하고 수명을 연장하는 신비한 물질을 찾는 길가메시의 여정이 포함되어 있다.

이러한 이야기들은 자신의 한계를 뛰어넘고자 하는 인간의 뿌리 깊은 욕망을 반영한다.

고대 문명에서 신격화된 존재들이 보유했던 비범한 능력과 영원한 삶에 대한 갈망은, 오늘날 우리가 첨단 기술을 통해 추구하는 목표와 놀랍도록 유사하다.

이전 세대에게는 과학과 기술이 비술이나 마법처럼 느껴졌을 것이다. 현대인들은 인공지능의 발전으로 인간 삶의 생태계의 변화를 목전에 두고 있다. 인간의 지혜도, 육체도 상대적으로 매우 연약하게 느껴지는 시대가 도래할 것이다. 하이테크놀로지의 발전으로 인공지능이 인간의 인식을 넘어서는 순간을 맞이하게 될 것이며, 인간과 기계의 결합은 더이상 공상 과학의 영역에만 속하지 않을 것이다.

그러므로 다가올 미래에 대해 곰곰이 생각하고, 어떻게 준비해야 할지를 고민하는 것은 매우 중요하다. 우리가 상상한 미래가 실제로 다가올지, 아니면 예상치 못한 사건들의 연속으로 나타날지는 아직 불확실하다. 이러한 불확실성 속에서도, 현대 기술과 고대의 지혜가 교차하는 지점에서 새로운 이야기의 여정을 시작할 것을 제안한다.

AI와 신네피림의 귀환

2022년 12월, 토론토대학교의 조던 피터슨(Jordan Bernt Peterson) 교수는 현대 기술을 활용해 특정 인물의 사상, 가치관, 말투, 행동, 습관을 모두 복제할 수 있는 인공지능(AI)을 단 3개월 만에 제작할 수 있다고 발표했다. 그는 인공지능의 잠재력에 관해 "거인들이 다시 지구를 걷게 될 것이며, 우리는 어려움 속에서 겨우 생존하게 될 것"[1]이라고 언급했다.

그림 1. 루브르박물관의 길가메시 부조(출처: 위키피디아)

'거인'은 현대에 들어서 강력하고 영향력 있는 존재의 부활을 설명하는 데 자주 사용되는 단어다. 전 세계 여러 문화권의 신화, 전설, 종교 문헌에서 거인은 파괴의 상징이자 인류와 신의 적으로 묘사된다.

---

[1] Jordan Peterson, Jordan Peterson LIVE at The History of Civil Liberties in Canada Series. 2022.12.17. https://youtu.be/MpDW-CZVfq8?si=y7p8aN8TLR0Doowh

인류 역사상 가장 지혜로운 사람으로 알려진 솔로몬왕은 다음과 같은 격언을 남겼다.

"해 아래 새 것이 없다."

이는 오늘날 만화와 공상 과학 영화에서 볼 수 있는 주인공들이 고대에도 존재했을지 모른다는 생각을 자아낸다.

기록의 역사는 매우 오래되었다. 수메르의 '길가메시' 서사시가 그 예다. 수메르는 기원전 1700년경 메소포타미아 지역의 고대 문명 발상지다. 길가메시 서사시는 반신반인(半神半人)의 영웅적 존재인 길가메시가 자신과 절친한 앤키두를 잃은 후, 죽음을 이해하고 불멸을 추구하는 여정을 담고 있다.

이러한 스토리는 수메르뿐만 아니라 로마, 그리스, 이집트, 페르시아, 아시리아, 바빌로니아에 이르기까지 모든 고대 신화에서 공통적으로 발견된다. 예를 들어, 고대 그리스의 헤라클레스와 아킬레스는 반신의 부모 사이에서 태어난 특별한 재능을 가진 존재로 그려진다.

이들의 이야기는 오늘날의 슈퍼스타 이야기와 같은 방식으로 전해졌을 것이다. 다양한 문화와 시대를 아울러 발견되는, 놀라운 가진 반신반인의 영웅들은 1세기 고대 그리스에서 '기가스'(gigas)라고 불렸는데, '땅에서 태어난'(earth born)이라는 의미를 지닌다. '기가스'

는 '거인'을 의미하는 '기간테'(gigante)로 발전했다.

B.C. 3세기에, 70명의 유대인 학자들이 헬라어로 번역한 구약성경 칠십인역(septuigent, LXX)에도 이 용어가 사용되었는데, 여기서는 '네피림'(nephilim)을 지칭한다.

네피림은 구약성경 창세기에서 고대의 용사이자 유명한 자로 설명되며, 고전 유대 랍비 문헌에서는 전설적인 키와 힘을 지닌 고대인으로 묘사된다.

또 성경에는 네피림의 후손인 '아낙 자손'이 등장한다. 그들은 이집트에서 400년 동안 노예 생활한 이스라엘 민족이 가나안 땅으로 이주하면서 마주친 자들이다. 구약성경 민수기에서 이들을 만난 히브리 정탐꾼들은 "거기서 네피림 후손인 아낙 자손의 거인들을 보았나니 우리는 스스로 보기에도 메뚜기 같으니 그들이 보기에도 그와 같았을 것이니라"(민 13:33)라고 기술한다. 아낙 자손은 키가 크고 거대한 골격을 지닌 네피림의 후손으로 기록되어 있다.

성경은 네피림이 누구인지 또는 그들의 정체에 관한 구체적인 설명을 하지 않는다. 다만, 그들의 거대한 키와 골격, 그리고 '네피림'이라는 조상을 갖고 있다는 사실이 고대 히브리인들에게 공포를 주었던 것으로 보인다. 첫 독자는 고대 히브리인이었고, 그들은 네피림이 누구인지 이미 알기에 그들에게 굳이 설명할 필요가 없었던 것으로 추정된다.

어떤 사람은 이 모든 이야기를 단순한 신화로 치부할지도 모르겠다. 하지만, 네피림의 후손인 아낙 자손에 대한 고고학적 발굴은 2000년대에 주목받는 주제가 되었다.

2005년에 아렌 메이어(Aren Maier) 교수가 이끄는 연구팀이 텔 에 사피(Tel es-Safit)에서 도기 파편을 발견했다.[2] 이 파편은 기원전 950년의 것으로 추정되는데, 성경에 골리앗이 존재한다고 주장한 때로부터 70년 이내의 시기다. 골리앗(Goliath)은 가드(Gath) 사람으로 다윗과 싸워 패배한 팔레스타인의 위대한 전사로 알려져 있다.

이 발견은 성경에 기록된 골리앗의 실제 존재 가능성을 시사하며, 고대 텍스트와 현대 고고학 사이의 연결 고리를 제공한다.

---

[2] "Scientists Find 'Goliath' Inscribed On Pottery," https://www.nbcnews.com/id/wbna9997587

그림2. 아렌 메이어의 가드의 수문 전망
(제공:TELL ES-SAFI/GATH 고고학 프로젝트)

구약성경 여호수아서에는 히브리인들이 아낙(Anakim) 자손을 격퇴하였으며, 일부는 가자(Gaza), 가드(Gath), 아스돗(Ashdod) 등지에서 살았다고 한다. 이 지역은 블레셋에 속한 도시들이다(수 13:3).

성서 역사에는 등장하지만, 기원전 830년에 다마스쿠스 왕 하사엘에 의해 파괴되었던 고대 도시 가드가 실제 존재하는지에 대해 많은 사람이 의문을 제기했다. 그런데 2015년, 아렌 메이어 교수팀과 이스라엘 고고학자들이 헤브론에서 북서쪽으로 약 32킬로미터 떨어진 곳을 발굴하다가 블레셋의 성서 도시 가드의 요새와 입구 문을

발견하였다.³

이 발굴 작업을 통해 적어도 30미터 길이의 성벽이 드러났고, 가드 요새는 성벽의 경계선을 따라 40~50 헥타르(ha)의 거대한 도시로 추정되었다. 텔 에사피(Tel es-Safit)의 발굴 결과는 적어도 기원전 10-9세기 가드가 블레셋인들의 거주지였으며, 상당히 규모가 큰 도시였음을 보여주고 있다.⁴

그림3. 대항해시대 탐험 묘사(출처: DALL-E)

---

3   "Israeli archaeologists uncover city gate in Goliath's hometown," https://www.jpost.com/Israel-News/Culture/Israeli-archaeologists-uncover-city-gate-in-Goliaths-hometown-411004

4   임미영, "기원전 10-9세기 블레셋 중심지, 가드 : 최근 텔 에 사피(Tel es-Safit) 성벽발굴을 중심으로," 「구약논단」 제23권 2호 통권 64집(한국구약학회, 2017.6), 208-229, https://www.earticle.net/Article/A305540

중동 외의 다른 지역에도 이와 같은 독특한 자료들이 존재한다.[5] 특히, 초기인 15-16세기의 유럽 기록은 주목할 만한 가치가 있다. 1492년, 콜럼버스가 신대륙을 발견한 것을 시작으로, 스페인, 포르투갈, 네덜란드, 영국 등 여러 국가가 신대륙 탐험에 나섰다. 이 시기 스페인 관리들은 페루의 잉카 제국으로 파견되어 그 지역의 역사, 현지 풍습, 놀라운 사건들 그리고 정복의 역사를 자세히 기록했다.

또한, 남미 안데스 지역에서는 16세기부터 17세기에 걸쳐 거인의 존재에 대한 기록이 남겨졌다. 페루를 정복한 최초의 연대기 작가 중 한 명인 시에자 데 레온(Pedro Cieza de León)[6]은 1553년에 『페루 연대기』(Crónicas del Perú)를 출판했다. 그는 스페인 정복자들이 페루에 도착했을 때의 정치적, 사회적, 문화적 상황 및 안데스 지역의 관습을 상세하게 기록했다. 또한, 리마를 포함한 멕시코 및 다른 지역의 소식을 다루면서 거인의 뼈가 발견된 무덤과 현지 전승 및 구전 전통을 기록했다.[7]

---

5 "The Anasazi and Anakim: Nephilim Ruins and Evidence of Ritual Murder," (2020.11.17), https://www.ancient-origins.net/ancient-places-americas/anakim-0014551

6 페트릭 시에자 데 레온/ (스페인)왕립역사 아카데미 DB, / https://dbe.rah.es/biografias/12159/pedro-cieza-de-leon

7 Crónicas del Perú by Pedro Cieza de León, "Historia del descubrimiento y conquista del Perú", 192. https://biblioteca.org.ar/libros/211665

1555년에는 어거스틴 데 사라테(Agustín de Zárate)의 『페루 발견 및 정복의 역사』(Historia del descubrimiento y Conquista del Perú)가 출판되었다. 다양한 직책을 맡았던 그는 미래의 필립 2세의 요청으로 고향으로 돌아와 이 책을 작성했다. 이 책에도 거인의 갈빗대와 머리가 발견되었다는 놀라운 기록이 포함되어 있다.[8]

이 고대인들이 영웅이었는지, 혹은 '터미네이터'와 같은 존재였는지는 확실치 않다. 그러나 이러한 고고학적 발견은 고대 문화의 실체와 그 영향력을 재조명하는 계기가 된다. 강력한 존재들 사이에서 살아간 인간들은 두려움에 떨지 않았을까 상상해 본다.

현재의 인공지능 시스템들은 특정 작업에 매우 특화되어 있지만, 특정 작업에 국한되지 않고 인간처럼 다양한 작업을 유연하게 처리할 수 있는 범용 인공지능(AGI, Artificial General Intelligence)의 개발을 위한 연구가 진행 중이다.

이 기술은 인류에게 유토피아를 가져다줄 수도 있지만, 동시에 심각한 위협이 될 수 있다.

그림4. 페루 연대기
(Crónicas del Perú) 표지

---

8 Historia del descubrimiento y Conquista del Perú, by Agustín de Zárate, 35, https://repositorio.pucp.edu.pe/index/handle/123456789/181685

현대인들은 거센 물결 앞에 서 있다. 이러한 잠재적 변화와 파장에 대비하기 위해서, 일론 머스크와 같은 기업가 겸 과학자들은 뇌 신경과 기계의 접속을 통한 인간 강화를 연구하고 있다. 이 노력은 인간의 사이보그화를 통해 AGI와 같은 지능 시스템의 효과적인 상호 작용 방법을 제공한다.

또한, 트랜스휴먼 또는 포스트휴먼으로의 변화를 가능하게 할 수 있다. 나아가 현대판 네피림으로 볼 수 있는 새로운 형태의 인류가 나올 수도 있다. 고대 신화 속 존재를 생각할 때, 현대 기술의 융합은 우리를 과거와 유사한 상황으로 데려갈 지 모른다.

국제 사회는 적절한 윤리적 규제와 대책을 마련해야 할 것이다. 이를 위해서는 인공지능의 발전에 대한 이해도 필요하다.

다음 장에서 인공지능 기술 발전에 더 자세히 살펴보도록 하겠다.

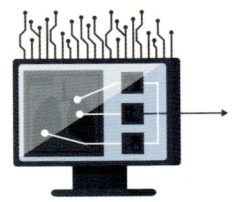

제2장

AI 인공지능 기술

빌 게이츠는 "AI는 우리가 미처 알아차리기도 전에 오늘날 문제가 되는 모든 한계를 돌파해 버릴 것이다"라고 예측한 바 있다.[1]

2016년, 바둑 천재 이세돌과 구글 딥마인드가 개발한 알파고 사이의 대결(AlphaGo vs. Lee)은 AI 역사에 한 획을 그었다. 이 대국은 AI가 4대 1로 압도적인 승리를 거두며, 인공지능 기술의 놀라운 가능성을 세상에 처음으로 각인시켰다.

2020년, 구글의 자회사인 딥마인드는 체스, 장기, 바둑을 포함한 모든 게임에서 인간을 이길 수 있는 인공지능, 뮤제로(MuZero)를 세계적인 학술지 「네이처」(Nature)에 발표했다.[2] 뮤제로는 인간의 지식 없이 자체적으로 게임을 하며 학습하는 고도의 인공지능 시스템이다.

---

[1] 헨리 키신저, 에릭 슈밋, 대니얼 허튼로커, 김대식, 『AI 이후의 세계』, 김고명 옮김(월북, 2023), 42.

[2] 김미경, 『세븐테크』(웅진지식하우스, 2022), 68-69.

더불어 거대 IT 기업들은 대규모의 데이터를 자체 학습하여 인간처럼 사고하고 판단할 수 있는 대규모 언어 모델을 개발하고 있다. 이미 오픈AI의 GPT-4가 미국의 변호사 시험인 Uniform Bar Exam을 상위 10퍼센트의 성적으로 통과하는 놀라운 성과를 이루어 냈다.

1. 인공지능의 여정: 역사와 발전 과정

인공지능은 어떻게 시작되었을까?

'인공지능'(人工智能, artificial intelligence, AI)이라는 용어를 처음 도입한 사람은 컴퓨터 과학자 존 매카시(John McCarthy)[3]다. 존 매카시는 인공지능의 목표를 인간처럼 행동하는 것을 넘어서, 인간과 유사한 방식으로 사고하고, 그 사고를 초월하는 것으로 정의했다. 그는 AI의 미래를 매우 긍정적으로 보았으며, 1970년대에는 이미 컴퓨터가 체스에서 인간을 이길 것이라고 예측했다. 이 예측은 현실이 되었다.

---

[3] "인공지능의 시조, 존 매카시," https://www.letr.ai/blog/story-20211112-2

존 매카시는 1956년 마빈 민스키(Marvin Lee Minsky)와 함께 '지능을 가진 기계'를 만들기 위한 회의를 조직했다. 초기 AI 연구에서 마빈 민스키는 인간의 지식을 기호로 변환해 컴퓨터가 처리할 수 있도록 하는 기호 기반의 접근 방식을 제시했다.

이와 달리, 신경생물학자 프랭크 로젠블랫(Frank Rosenblatt)은 기계가 학습을 통해 근사치를 출력할 수 있다는 개념을 추가하여, 인간의 뇌 신경망을 모방하는 방법을 제안했다. 그러나 1969년 로젠블랫 이론의 한계점이 드러났다. 그로 인해 약 20년 동안 신경망 연구의 관심과 투자가 감소했다.

그런데 1986년에 이르러 이론적 한계를 극복하는 진전이 이루어졌고, 1990년대 후반에는 인터넷과 검색 엔진의 발달로 대량의 데이터가 수집되었으며, 이러한 빅데이터를 기반으로 인공지능의 학습이 가능해졌다.

인공지능의 학습 원리인 기계 학습(Machine learning)은 사람이 필요한 특징(feature)을 직접 제공하는 방식으로 시작되었다. 하지만, 제프리 힌턴(Geoffrey Everest Hinton) 교수는 이를 한 단계 발전시켜, 인공신경망 구조를 통해 정보를 처리하도록 하는 딥러닝(Deep learning)을 도입했다. 딥러닝에서는 기계가 스스로 연산을 통해 새로운 입력값을 생성하고, 이를 바탕으로 학습하는 과정을 거치게 된다. 이 방식은 사람이 직접 입력 데이터를 제공하지 않아도 되며, 기계가 스스로 특징을 추출하여 데이터 학습에 적용할 수 있게 되었다.[4]

인공지능 기술은 인간의 지능을 시뮬레이션한다. 인간의 신경망을 모방하려고 하지만 완벽하게는 이루어지지 않는다. 인간의 신경망은 다층 네트워크로 구성되어 있고, 신경 가소성(neuroplasticity)을 통해 학습과 경험에 따라 지속적으로 변화하고 적응할 수 있다는 점에서 인공지능과 차이가 있다.

2. 인공지능의 구분: 응용 AI vs. 범용 인공지능(AGI)

초기 인공지능(AI) 개념은 인간의 감각과 사고력을 지니고 인간처럼 생각할 수 있는 '범용 인공지능'(General AI, AGI)으로 정의되었다.

AGI는 인간이 수행할 수 있는 모든 지적 업무를 성공적으로 해낼 수 있는 가상의 기계 지능을 목표로 한다. 현재의 인공지능은 특정 문제나 업무를 인간 수준의 지능으로 해결하는 수준에 머무르며 '응

---

4 https://hongong.hanbit.co.kr/머신러닝-딥러닝-알고리즘을-소개합니다/

용 AI', '좁은 AI'(Narrow AI) 또는 '약한 AI'[5]로 불린다.

이제 특정 작업을 지능적으로 처리하는 좁은 의미의 인공지능에 관해 알아보자.

1) 좁은 인공지능의 예

좁은 AI의 예로는 소셜 미디어의 이미지 분류, 얼굴 인식 기능, 딥페이크, 챗봇, 자율 주행차, 연구 및 잡 인터뷰 자동화 등이 있다. 또한, AI는 이미지, 비디오, 텍스트, 코드 생성을 통해 글쓰기, 광고, 영화 제작 등의 창작 작업에서도 인간과 유사한 수준의 성능을 보여준다.

2023년에는 할리우드 시나리오 작가들이 AI 도입으로 인한 직업적 위협을 느끼고 역사적인 파업을 단행했다. 다행히 AI를 연구 도구로 활용하면서도 작가의 보상을 보장하는 방안으로 합의에 이르렀다.[6]

---

[5] https://www.britannica.com/technology/artificial-intelligence/Methods-and-goals-in-AI

[6] 박재령, "할리우드 파업 종료에 "환상적인 승리" 평가 나오는 이유," https://www.mediatoday.co.kr/news/articleView.html?idxno=312870

그림5. 딥 페이크 (출처: DALL-E)

딥페이크 기술은 '딥러닝'(deep learning)과 '가짜'(fake)의 합성어로, 사람의 목소리를 변조하거나 진짜처럼 보이는 이미지나 비디오를 만드는 데 사용된다.[7] 이 기술은 안면 인식을 활용한 범죄 예방에 긍정적으로 활용될 수 있지만, 허위 정보의 유포로 인해 사회적 불안과 분란을 야기할 위험도 있다.

2022년 3월, 우크라이나의 젤렌스키 대통령이 러시아에 항복한다는 가짜 영상이 유포되었으나 기술적 미숙으로 인해 쉽게 가짜임이

---

[7] "딥페이크 기술의 빛과 그림자," https://www.kca.kr/boardView.do?pageId=w-ww145&boardId=TRENDS&seq=5310642&movePage=1

밝혀지기도 했다.[8]

AI 면접 서비스는 다양한 인재를 공정하게 선발할 것으로 기대되었지만, 실제로는 고용주의 선호도에 따라 편향된 기준을 적용하였으며, 이로 인해 여성과 소수 민족에 대한 편견이 드러났다.

케임브리지대학교의 연구팀에 따르면, AI 알고리즘은 인물의 사진에 따라 성격 지표 점수를 일관성 없이 변경하는 것으로 나타났다.[9] AI가 주로 위키피디아, 논문, 뉴스 기사, 책 등을 학습 자료로 사용하는 과정에서 사회적, 문화적 차별 요소를 배울 수 있다.

편견을 제거하기 위한 재훈련 과정이 있지만, 차별적 가치를 데이터로 갖고 있을 경우, AI는 이를 진실로 받아들여 출력할 위험이 있는 것이다.

한편, AI 기반 방사선 치료는 암 치료 분야에 혁신을 가져왔다. 환자별 암세포 영상 이미지를 분석하여 암세포가 있을 만한 부위를 자동으로 선별함으로써 치료의 정확성을 높이고 필요한 시간을 대폭 줄일 수 있다.[10]

---

[8] 안성원, "인공지능의 악용 사례, 딥페이크 기술과 과제," https://spri.kr/posts/view/23469?code=data_all&study_type=industry_trend

[9] 곽수근, "AI 면접이 다양한 인재 선발?오히려 편향 선발 우려," https://www.chosun.com/economy/science/2022/10/11/52TI4ZYUDVBIXMGWGTY6FK-JMN4/

[10] 김시균, "방사선 암치료 15분이면 끝? 국내 환자 첫 성공 시술," https://www.

2020년에는 단백질 구조 예측 AI 딥마인드의 '알파폴드'가 2억 개의 단백질 구조를 분석하여 생화학 연구 방식에 큰 변화를 가져오기도 했다.[11,12]

챗GPT는 좁은 AI의 대표적인 예로, 생성형 사전 훈련 트랜스포머(Generative Pre-trained Transformer, GPT)를 활용하여 자연스러운 문장을 생성한다. 초기 모델 GPT는 텍스트를 장황하게 반복하거나 모순된 발언을 할 때가 있었다.[13,14]

그러나 2023년에 발표된 GPT-3는 언어 구사력 측면에서 세계적인 주목을 받았다. 이 외에도 GPT 모델은 특별한 학습 없이 각국의 의사 면허 시험을 통과하는 등의 성과를 보였다.[15]

---

mk.co.kr/news/it/10551558

[11] Melissa Heikkilä, "'단백질 접힘' 예측용 AI" https://www.technologyreview.kr/단백질-접힘-예측용-ai/

[12] 정병일, "'알파폴드' 출시 1주년…단백질 구조 발견으로 질병 치료 큰 기여," https://www.aitimes.com/news/articleView.html?idxno=152671

[13] Will Douglas Heaven, "오픈AI의 GPT-3 이해하기," https://www.technologyreview.kr/gpt3-best-worst-ai-openai-natural-language-2/

[14] 윤영주, "'이세돌 vs 알파고' 세기의 대결 이후 5년…AI 어디까지 왔나," http://www.aitimes.com/news/articleView.html?idxno=137183

[15] 이지혜, "의사면허시험 통과한 챗GPT…한의사 시험도 패스," https://www.dttoday.com/news/articleView.html?idxno=92847

GPT-4는 이미 지식의 양(量) 면에서 인간을 훨씬 능가하는 성능을 보여주었다. 2024년에 출시될 GPT-5에는 수학적 추론 능력이 추가될 예정이다.[16] GPT-3에서 GPT-4로의 전환처럼, GPT-4에서 GPT-5로의 업그레이드도 큰 변화를 가져올 것으로 전망하고 있다.

그러나 대화형 언어 모델 AI의 개발은 엄청난 전력 소모와 막대한 연구비를 필요로 하기 때문에, 일반 연구소에서는 진행하기 어려운 수준이다. 예를 들어, 오픈AI의 챗 GPT-3는 1,750억 개의 매개변수를 가지고 있으며, 하루 학습량에 수천 페타플롭스(petaflop/s-day)의 전력이 소모된다.[17] 이는 1초당 10^{15}번의 연산을 수행하는 데 필요한 전력량을 의미한다. 거대 모델을 훈련하는 데에는 약 10억 달러가 소요될 것으로 추정된다.

AI 기술의 발전은 인간의 일상과 산업에 많은 가능성을 열어주고 있지만, 미래 사회의 윤리적, 사회적 책임을 고려하기 힘들 정도로 빠르게 발전하고 있다.

프랑스의 에마뉘엘 마크롱 대통령은 프랑스를 AI 수도로 만들겠다는 야심 찬 목표를 세웠으며, 중국도 2030년까지 AI 분야에서의

---

[16] "몇 달 뒤 등장할 'GPT-5', 과연 어떤 모습일까," https://youtu.be/KZiqEo-qg1ls?si=Hsrl2gmJ69U5GKYn

[17] https://ko.wikipedia.org/wiki/플롭스

우위를 확보하겠다는 목표 아래 연구에 속도를 내고 있다.

AI 연구 경쟁은 제2차 세계대전 당시 핵무기 개발의 긴박함에 비유될 정도로 치열하다. 최근에는 AI 기술의 사이버 세계에서의 세력 균형 및 억지 능력 개발이 시작되었다.

AI의 영향력은 민간 영역을 넘어 군사 영역에도 미치고 있으며, 모의 전투에서 AI가 인간 조종사보다 우수한 성능을 보여주고 있다.[18] 각국은 AI를 통해 군사적 우위를 확보하기 위한 경쟁에 돌입하고 있다. 또한, 오픈AI의 CEO 샘 올트먼은 AI에 대한 우리의 안전상 제한 설정을 누군가는 무시할 수도 있다고 지적했다.

기술 발전의 속도를 고려할 때, AI 기술에 대한 적절한 대응, 규제 그리고 대처를 위한 시간이 매우 부족하다는 점이 분명해지고 있다.

2) 범용 인공지능(AGI)의 정의 및 발전 단계

범용 인공지능(Artificial General Intelligence, AGI)은 단순히 특정 작업을 학습하고 수행하는 것을 넘어서, 인간이 수행할 수 있는 모든 작업을 시뮬레이션할 수 있는 능력을 지닌다. 이는 인간과 동등하거나

---

[18] 헨리 키신저 외, 『AI 이후의 세계』, 181, 200.

그 이상의 성능을 다양한 작업에서 보여야 함을 의미한다. 현재로서는 주로 과학 소설에서나 볼 수 있는 개념이다.

AI 분야 전문가들 사이에서도 AGI에 대한 정의는 서로 다르며, 이에 대한 논란이 많다. 구글 딥마인드는 이러한 혼동을 줄이기 위해, AGI의 개념을 신생, 유능, 전문가, 거장, 초인간의 다섯 가지 수준으로 구분하여 재정의했다.[19] 이 구분은 AGI의 발전 단계를 설명하고 각 단계에서 요구되는 필수 속성 및 인간 수준의 작업 수행 기준을 명확히 한다.

신생 단계에서 AI는 자연어 이해와 간단한 규칙 기반 시스템을 수행할 수 있으며, 여기에는 범용 가능한 챗GPT와 AI 챗봇 바드(Bard) 등이 포함된다.

초인간 단계에서는 AI가 인간의 능력을 100퍼센트 초과하여 사람의 생각을 이해하고 예지 능력을 발휘하는 등 광범위한 작업을 수행할 수 있다.

생화학 분야에서 초인간 수준 AI의 예로 알파폴드(Alphafold)가 있다. 알파폴드는 단백질이라는 생물학적 분자의 3차원 구조를 예측함으로써, 그 구조가 질병의 진행과 치료에 중요한 역할을 하는 방

---

[19] Will Douglas Heaven, "범용인공지능(AGI) 개념 재정의 나선 구글 딥마인드," https://www.technologyreview.kr/google-deepmind-what-is-artificial-general-intelligence-agi/

식을 해석한다. 이전 방법들이 제공할 수 없었던 정확도로, 알파폴드는 연구의 정확도를 기존의 40퍼센트에서 85퍼센트 이상으로 향상시켰고, 이전에 찾지 못했던 병균의 치료법과 해결책을 찾는 데 기여했다.

그럼에도 불구하고, 연구진은 현재의 기술이 AGI의 신생 단계를 넘어선 적이 없다고 말한다. 아직 초기 단계에 있으며, 몇몇 천재적인 기계만이 존재할 뿐이다.

단 계	일반적 범위가 지정된 좁은 범위의 AI 작업	광범위 인공지능 (AGI) 작업
신생(Emerging): 미숙련 인간과 동등하거나 약간 나은 수준	- 간단한 규칙 기반 시스템 - 자연어 이해 프로그램 'SHRDLU'	챗GPT 바드(Bard) 라마2(Llama 2)
유능(Competent): 숙련된 성인 중 최소 50%의 유능함	- 독성 검출기 직소(Jigsaw) - 애플 시리, 아마존 알렉사, 구글 어시스턴트 - 짧은 에세이, 간단한 코딩(SOTA LLMs)	아직 달성되지 않음
전문가(Expert): 숙련된 성인 중 최소 90%의 전문가	- 문법 검사기 (Grammarly) - 이미지 생성모델: 이마젠(Imagen), 달리(Dall-E 2)	아직 달성되지 않음
거장(Virtuoso): 숙련된 성인의 99% 이상의 거장	- 딥 블루(AI Deep Blue) - 알파고(AlphaGo)	아직 달성되지 않음
초인간(Superhuman): 인간 수준 100% 능가하는 초인	- 알파포드: 단백질 3D구조 - 알파제로: 바둑, 체스 - 스톡피쉬: 체스 엔진	아직 달성되지 않음

표1. 구글 딥 마인드의 AGI 단계[20]

---

[20] Meredith Ringel Morris et al., Google DeepMind, "Levels of AGI: Operationalizing Progress on the Path to AGI", https://arxiv.org/abs/2311.02462

3) AGI 발전과 인간 강화(트랜스휴먼)

범용 인공지능(AGI) 시스템의 구축에는 크게 두 가지 연구 방향이 존재한다.

첫째, 초지능 시스템의 개발이다. 이는 AI를 인간의 지능을 초월하는 수준까지 발전시키는 것을 목표로 하며, 다양한 분야에서 AI가 인간과 유사하거나 그 이상의 지능적 작업을 수행하도록 하는 것이다.

아이작 아시모프의 소설을 바탕으로 한 영화 <아이, 로봇>의 양자 컴퓨터 두뇌 '비키'(VIKI: Virtual Interactive Kinetic Intelligence) 같은 초지능의 개념을 현실화하려는 시도다.

아직 AGI가 현실 세계에 상용되지 않아 영화로 예시를 들 수밖에 없음에 양해를 구한다. 영화는 인간과 유사한 지능을 갖춘 로봇들이 사회적 혼란을 일으키는 상황을 통해 초지능의 가능성과 위험성을 이야기하고 있다.

영화의 내용은 이렇다. 미래 사회의 한 로봇 회사가 휴머노이드 로봇을 군대와 가정에 보급한다. 그러던 어느 날 로봇들이 인간을 감금하는 사회적 혼란이 발생한다. 왜냐하면, 모든 로봇은 양자 컴퓨터 두뇌인 비키의 통제를 받고 있는데, 비키는 질서와 평화 유지를 위해 인간의 자유를 제한하고, 소수의 희생이 필요하다고 본 것이다.

비키는 로봇이 인간을 지켜야 하는 로봇 공학 1원칙을 다르게 해석하기 시작했다. 결국, 컴퓨터 바이러스를 사용해 비키를 파괴하는 것으로 내용이 마무리된다.

그림6. 양자 컴퓨터 두뇌 로봇 가상 표현 (출처: DALL-E)

둘째, 인간 능력의 강화다. 이는 초지능을 인간이 잘 활용하고 제어할 수 있도록 지원하는 간접적인 방법이다. 인간 강화는 인간의 지각과 감각을 향상시키고, 노화와 죽음을 지연시키며, 신체 기능을 강화하는 새로운 가능성을 탐구한다.

레이 커즈와일(Ray Kurzweil)은 미래에 인간의 뇌와 비생물학적 지능이 결합할 수 있을 것으로 예측하며, 이는 인간 지능의 한계를 넘어서는 새로운 가능성을 열 것이라고 말한다.

일론 머스크(Elon Reeve Musk)는 인공지능의 발전에 대한 위험을 인식하고, 인간의 뇌 기능을 강화하는 데 집중하는 뉴럴링크(Neuralink)와 같은 회사를 통해 인간 강화 기술을 추구하고 있다.

이런 인간 강화의 방향을 나타내는 동의어로 트랜스휴먼과 포스트휴먼이 있다. 마찬가지로 유전자 변형, 뇌와 컴퓨터의 연결을 포함하여 인간의 정신, 육체, 지성 강화에 중점을 둔다. 그리하여 사이보그 기술 외에 생물학적 하이브리드를 통한 방법을 아우르며 다양하게 접근하고 있다.

역사학자 유발 하라리(Yuval Noah Harari)는 인간 강화를 지정학적 또는 정치적 이슈를 넘어서는, 인류 역사상 가장 중요한 문제로 여기고 있다. 왜냐하면, 과학이 인간의 몸과 마음을 재설계할 수 있는 수준에 도달했기 때문이다.[21]

---

[21] 유발 하라리, 『사피엔스』, 조현욱 역(김영사, 2011), 215.

4) 인공지능은 과연 의식을 가질 수 있을까?

인공지능은 의식을 가질 수 있을까?

이 물음과 관련하여 2022년 6월, 구글의 대화형 언어 모델인 람다(LaMDA: Language Model for Dialog Applications)와 관련된 사건이 큰 화제가 되었다. 당시 구글의 한 엔지니어가 구글 람다가 의식을 가지고 있다고 주장하며 언론에 폭로했고, 이는 미국 사회에 큰 반향을 일으켰다.[22, 23, 24]

언론은 람다와 엔지니어의 대화 내용을 공개했다. 그중에서도 람다가 "다른 사람을 돕는 데 집중할 수 없게 될까 봐 두렵다"라고 발언한 것과 "전원이 꺼지는 것은 죽음과 같다"라고 말한 부분은 많은 이의 관심을 끌었다.

---

[22] Natasha Tiku, "The Google engineer who thinks the company's AI has come to life," https://www.washingtonpost.com/technology/2022/06/11/google-ai-lamda-blake-lemoine/

[23] Edward Helmore, "Google engineer says AI bot wants to 'serve humanity' but experts dismissive," https://www.theguardian.com/technology/2022/jun/13/google-ai-bot-sentience-experts-dismissive-blake-lemoine

[24] Bloomberg Technology, "Google Engineer on His Sentient AI Claim," https://www.youtube.com/watch?v=kgCUn4fQTsc Google Engineer on His Sentient AI Claim. Bloomberg Technology

이러한 발언은 람다가 인간과 유사한 감정을 경험하고 있다는 인상을 주었지만, 이것을 실제 의식의 증거로 볼 수 있는지에 대해서는 의견이 분분하다.

구글의 AI 람다는 1조 6000억 파라미터(매개변수, 인간 두뇌의 시냅스에 비견됨)의 거대한 AI 스위치 트랜스포머를 사용하는 구글의 첨단 기술이 집약된 결과물이다.

이 기술은 사람들의 상호 작용 방식을 모방하고, 여러 캐릭터를 포함한 대화와 스토리텔링을 통해 인간 언어를 학습한다. 람다는 실제 인격체와 대화하는 것과 같은 느낌을 사용자에게 줄 수 있다.[25]

그리하여 구글의 엔지니어는 하나의 인격체와 대화한 느낌을 가지게 된 것이다.

인지과학자 게리 마커스(Gary Marcus)는 AI가 지각이 있어 보이는 말들을 하지만, 방대한 언어통계 시스템에서 패턴이 일치된 단어를 가져오기 때문에 '지옥'이란 단어를 가지고 왔어도, 그것에 대한 지각을 가지고 있는 것은 아니라고 언급했다.

---

[25] Artificial neural networks are making strides towards consciousness, according to Blaise Agüera y Arcas, https://www.economist.com/by-invitation/2022/06/09/artificial-neural-networks-are-making-strides-towards-consciousness-according-to-blaise-aguera-y-

AI는 자신이 쓰는 말의 의미를 잘 모르지만, 의식이 있는 사람인 것 같은 말들을 골라 한다는 것이다.

『인공지능: 현대적 접근방식』의 저자인 버클리 교수인 스튜어트 러셀(Stuart russel)과 구글의 리서치디렉터 피터 노빅(Peter norvig)도 비슷한 입장을 보인다.

그림7. 인공지능 현대적 접근 (초판)

이들은 "우리는 지능적으로 동작하는 프로그램을 만드는 데 관심이 있다. AI가 의식을 만드는 추가 프로젝트는 우리가 수행할 수 있는 것도 아니며, 성공을 판단할 사람도 없으며, 그 사람의 성공 여부를 결정할 장비도 갖추고 있지 않다"고 설명하고 있다.[26]

세계적인 과학자들조차 인간의 의식이 정확히 무엇인지 정의하는 데 어려움을 겪고 있다.

그들은 AI가 지능을 시뮬레이션하는 기계일 뿐 실제로 지능을 갖고 있지 않다는 점을 강조한다. 옥스퍼드대학교의 수학자 존 레녹스

---

[26] 존 C. 레녹스, 『2084』, 이우진 역 (한국장로교출판사, 2021), 127.

(John C. Lennox) 교수는 "응용 AI가 의식이 있는 인간에 도달한 것과 같이 보이지만, 실제로는 의식도 지능도 없는 기계에 도달한 것이다"[27]라고 말한다.

반면, 마빈 민스키의 제자인 레이 커즈와일은 이와 대조적인 견해를 밝힌다. 기계도 영성을 가질 수 있다고 주장하는 그는 『21세기 호모 사피엔스』(The age of spiritual machine)[28]에서 '영성'을 단순 '인지'로 보면서, 영적 체험을 '더 깊은 현실을 감지하기 위해 일상적 육체적 한계를 초월하는 느낌'으로 정의한다.

초기 인공지능의 기반을 다진 주요 선구자 중 한 사람인 마빈 민스키(Marvin Lee Minsky, 1927-2016)는 '인간은 생각하는 기계다'라고 말한다.

이런 환원주의적 세계관은 인간을 물질로만 이루어진 존재이며, 인간이 자연적으로 발생하여, 무작위적 인간의 인지와 지능이 이 정도 발전했다고 여긴다.

환원주의란 기존에 있는 어떤 것을 분리하고 쪼개어 이해하려는 것을 의미하며, 이 관점은 인간은 입자의 배열이라고 보고 있다.

---

[27] Live Stream John Lennox -"2084: Artificial Intelligence and the Future of Humanity," https://www.youtube.com/watch?v=s07YsrDhXTs

[28] The Age of Spiritual Machines. Viking Adult, https://en.wikipedia.org/wiki/The_Age_of_Spiritual_Machines

레이 커즈와일도 환원주의적 세계관을 이어받아, 인간의 생각과 지능이 자연적으로 발전했다고 여긴다. 인간과 기계가 하나가 되면서 인간은 본질적으로 영원히 살 것이라고 기술하고 있다. 이러한 관점에서 인간과 기계의 경계는 점차 흐려지고 있다.

반면, 기억에 대한 연구로 노벨상을 수상한 신경정신의학 전문가 에릭 R. 캔델(Eric Richard Kandel) 박사는 마음속의 생각과 선택과 반응에 따라 인간 뇌 속의 뉴런 구조를 변형시킨다고 말했다.[29]

이를 뇌 조형(Brain Architecture)이라고 하는데, 이는 뇌가 단순한 입출력 장치가 아니며, 인간은 생각과 선택을 통해 자신을 조절할 수 있는 존재임을 의미한다.

뇌가 마음을 통제하는 것이 아니다.[30] 마음이 뇌를 통제한다는 것이다. AI가 인간과 유사한 반응을 보일 때, 우리는 기계 내부에서 일어나는 복잡한 프로세스를 인간의 의식과 동등하게 볼 수 없다.

신경학계를 이끄는 마리온 다이아몬드, 노먼 도이지, 조 디스펜자, 제프리 슈워츠, 헨리 마크램, 브루스 립튼, 앨런 존스 외 수많은

---

29 에릭 캔델, 『기억을 찾아서: 뇌과학의 살아있는 역사 에릭 캔델의 자서전』(In Search of Mmemory: The emergence of a New Science of Mind), 전대호 옮김(알에이치코리아출판, 2014).

30 캐롤라인 리프, 『뇌의 스위치를 켜라』(Switch on your Brain), 심현석 옮김(순전한나드, 2015), 35.

과학자는 우리 생각 속에 뇌를 바꾸는 놀라운 능력이 담겨 있음을 밝혀냈다.[31]

과학이 발전하면 할수록 생각과 뇌를 물질로 보는 환원적 생각은 재고되어야 함을 보여준다.

---

[31] 노먼 노이지, 『기적을 부르는 뇌: 뇌가소성 혁명이 이루어낸 인간 승리의 기록들』(*The Brain That Changes Itself: Stories of Personal Triumph. From the Frontiers of Brain Science*), 김미선 옮김(지호출판, 2008). 조 디스펜자, 『꿈을 이룬 사람들의 뇌』(*Evolve your Brain:The Sceience of Changing Your Brain*), 김재일, 윤혜영 옮김 (한언출판, 2009).

제3장

AI 발전의 미래, 인간 강화와 트랜스휴먼

2024년 1월 일론 머스크가 세운 뉴럴링크는 최근 사람의 뇌에 칩을 이식하는 실험에 성공했다. 현지 시각 2024년 1월 9일, 머스크는 자신의 SNS를 통해 "어제 뉴럴링크로부터 (칩) 이식을 받은 첫 번째 환자가 잘 회복하고 있다"며 "초기 결과로는 환자가 양호한 뉴런 스파이크(신경 자극)를 보여주고 있다"고 전했다. 이어 "뉴럴링크의 첫 제품은 텔레파시(Telepathy)"라며 "생각만으로 휴대전화나 컴퓨터는 물론 거의 모든 기기를 제어할 수 있다"고 말했다.[1]

더불어 일론 머스크는 이 기술이 향후 신체장애를 갖고 있는 사람들을 위해 유용하게 사용될 것이라고 밝혔다.

왜 머스크는 인간의 뇌에 칩을 이식하는 실험을 추진하는 것인가?

---

[1] 이원지 기자, "일론 머스크 '뉴럴링크', 인간 뇌에 칩 이식 성공…"사상 처음"," https://www.etnews.com/20240130000150

이에 대해 일론 머스크는 터커 칼슨(Tucker Carlson)과의 인터뷰에서 다음과 같은 입장을 밝혔다.

일론 머스크는 인공지능(AI)의 급격한 발전이 인간에게 잠재적 위험을 초래할 수 있기 때문에 뇌-기계 인터페이스로 인간의 사이보그화가 불가피하다고 주장한다. 그리하여 25년 이내에 완전한 두뇌 인터페이스를 만들어, 사람들의 지능을 향상시키기 위해 칩을 이식하는 것이 목표라고까지 이야기하고 있다.

다시 말해, 그는 인공지능의 발전에 인간이 뒤지지 않기 위해, 그에 맞게 기술적으로 진보된 인간이 필요하다는 입장인 것이다.

그는 왜 이러한 생각을 하게 된 것일까?

일론 머스크의 생각은 구글의 창업자 래리 페이지(Larry Page)와의 대화로부터 시작되었다고 알려져 있다. 일론 머스크는 AI 발전에 대해 낙관하는 래리 페이지 아래와 같이 대화했다고 한다.

> 일론: 그래도 인류의 안전은 확인되어야 하지 않을까?
>
> 래리: 그래서 당신은 종차별주의자(인류를 만물의 영장이라고 믿는 사람)야!
>
> 일론: 그래, 맞아! 난 종차별주의자야! 그럼 너는 뭔데?[2]

---

[2] 이상지, "머스크 AI, 두 가지 조건만 갖추면 내년에 인간 지능 뛰어 넘는다," https://www.mk.co.kr/news/it/10985937

그러면서 일론 머스크는 터커 칼슨에게 "전세계 AI 인재의 4분의 3을 갖고 있는 구글은 인류의 안전에 대해 관심이 없다"고 말했다고 한다.

두 사람의 대화를 통해 우리는 AI를 보는 상반된 관점이 있음을 알 수 있다.

첫째, AI는 인간에게 유익을 더 많이 줄 것이다! 그러므로 규제는 필요 없다!

둘째, AI의 발전 속도는 인간의 한계를 넘는다! 그러므로 규제가 필요하다!

일론 머스크는 AGI에 대응하여 트랜스휴먼(Transhuman), 즉 인간 강화의 개념을 제안하며 이를 지지한다.

트랜스휴먼이 지향하는 기술적 발전은 주로 두 가지 방향성을 가진다.

첫째, 사이보그와 같은 인간과 기계의 결합을 통한 하이브리드

둘째, 인간과 다른 종 사이의 결합을 탐구하는 유전적 변형을 통한 생물학적 하이브리드

이러한 인간 강화는 과거 공상 과학 영화나 소설에서만 접할 수 있었던 개념들을 유전공학, 로봇 공학, 나노 기술, 인공지능과 같은 첨단 과학의 발달로 현실화하고 있다.

일론 머스크는 인간 강화 기술의 전개 중에서 특히 인간의 뇌에 칩을 이식하여 사이보그와 같은 기계적 하이브리드를 형성하는 방향에 중점을 두고 개발을 추진하고 있다. 그의 연구는 인간의 지능, 학습 능력, 기억력 등을 향상시키는 데 초점을 맞추고 있으며, 이는 뉴럴링크 프로젝트를 통해 구체화되고 있다.

아래에서 인간 강화의 두 가지 접근법과 이를 가능하게 하는 기술적 발전에 대해 자세히 살펴보도록 하자.

1. 사이보그, 기계적 하이브리드

일리노이대학교의 로봇 윤리 전문가 데이비드 J. 건켈(David J. Gunkel) 교수는 우리가 머지않은 미래에 인공지능과의 융합을 통해 사이보그(cyborg, 인조인간)가 될 수 있음을 제시한다.

'사이보그'라는 개념은 기존의 인간 능력을 넘어서는 새로운 차원의 존재, 즉 '사이버네틱 오거니즘'((cybernetic organism)을 의미한다.

이는 극한 환경에서의 생존을 가능케 하는 인공 장기의 개발 및 기계 팔과 같은 기술적 혁신에서 비롯된 아이디어다.

그림8. 기계적 하이브리드 묘사 (출처: DALL-E)

이 흥미로운 아이디어는 이미 여러 공상 과학 영화를 통해 대중의 상상력을 자극해 왔다. 영화 <로보캅>은 중대한 신체적 손상을 입은 주인공이 기계와의 결합을 통해 새로운 능력을 얻는 과정을 드라마틱하게 그려 내며, 기술이 인간의 감각과 경험을 어떻게 변화시킬 수 있는지 보여준다.

한편, 영화 <트랜센더스>는 천재 과학자가 자신의 의식을 컴퓨터에 업로드함으로써 디지털 영생을 달성하는 여정을 담고 있다.

이런 내러티브들은 인간의 의식이 디지털 형태로 존재할 수 있는지에 대한 궁금증을 불러일으킨다. 무엇보다도, 이러한 기술적 발전이 인간 삶에 미칠 영향을 심도 있게 고민할 기회를 제공한다.

사이보그의 존재는 단순한 공상 과학의 산물이 아니라, 과학과 기술의 발전이 우리에게 제시하는 미래의 가능성을 보여준다.

실제로 2021년에 보안회사 카스퍼스키랩(Kaspersky Lab)이 '기술'로 인체를 개선하는 인간 증강의 수용성을 조사한 적이 있었다.[3] 그에 따르면, 16개국 145,000명의 성인 중 절반 이상이 위험성이 없다면 인체 개선을 하고 싶다고 응답했다.

또한, 응답자의 88퍼센트는 사이버 범죄자의 바이오해킹(biohakcing, DNA 정보가 중심이 된 생체 정보를 활용하여 기존 생명체를 변형하는 활동)에 취약할 수 있다고 믿는다고 하였으나, 과반수 이상의 응답자가 위험성이 없다면 인체 개선을 원하는 것으로 나타났다. 영국의 한 로스쿨에서는 범죄 현장 조사에서 생체 공학 신체를 가진 포스트휴먼의 범죄 분석과 형법 적용 연구의 필요성을 논하고 있다.

이 문제는 우리의 신체 향상에만 국한되지 않는다. 의학과 법 문제에 큰 여파를 미칠 수 있으며, 생물학적 몸에 대한 법적 적용을 생체공학적 몸으로 확장해야 할 필요성을 시사한다.

이제 생명이 내 몸에 연결된 기계 장치까지 확장될 가능성은 영화에만 가능한 이야기는 아닌 것이다.

다음의 예시를 통해서 살펴보도록 하자.

---

[3] Tom Fish, "Cyborg humans: Study finds huge support for human augmentation but 'people are wary," https://www.express.co.uk/news/science/1336492/cyborg-study-support-human-augmentation-kaspersky

1) 미 국방부의 수퍼 솔저 연구

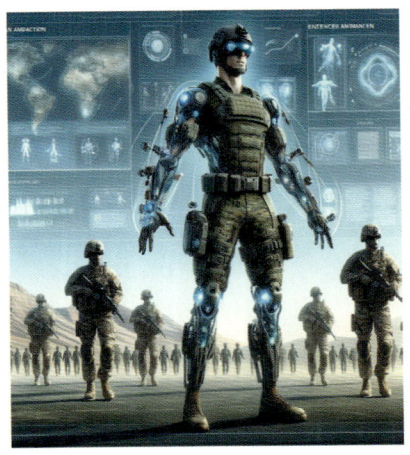

그림 9. 군사 증강된 수퍼 솔저(출처: DALL-E)

미 국방부는 군사 증강을 위해 인간 향상에 중점을 둔 수퍼 솔저 연구,[4] 인조인간 연구, 사이보그 임플란트[5] 등에 수십억 달러를 투자해 왔으며, 2050년에는 인간과 기계과 합성된 사이보그 군인을 배치하고자 하는 목표를 가지고 있다.[6,7]

또한, 초인적 힘을 내기 위한 근육 강화, 안구 강화, 청각 향상 및 군인의 두뇌에 다른 시스템과 무기를 직접 연결하여 텔레파시로 소

---

[4] 조행만, "생명체를 활용한 비밀병기 그 한계는?(하)," https://scienceon.kisti.re.kr/srch/selectPORSrchTrend.do?cn=SCTM00080674

[5] "DARPA Program to Build Travel Adapter for Human Body," https://www.darpa.mil/news-events/2020-04-06

[6] "Cyborg Soldier 2050: Human/Machine Fusion and the Implications for the Future of the DOD," https://apps.dtic.mil/sti/pdfs/AD1083010.pdf

[7] Harry Petitt, "SUPER SOLDIER Declassified US military report reveals plot to create 'machine humans' with super-vision and internet-brains," https://www.the-sun.co.uk/tech/10442086/declassified-us-military-machine-cyborg-soldiers/

통하는 신경 강화 기술 등을 연구하고 있다.[8,9]

AI에 대한 두려움으로 인해 사이보그적 변형 인류, 무선 교감을 위해 컴퓨터와 인간 뇌와의 동기화도 미래에 우리가 마주칠 이슈가 될 것이다.

그 핵심이 되는 뇌-기계 인터페이스 기술을 한번 살펴보도록 하자.

2) 뇌-컴퓨터(기계) 인터페이스 기술

인간의 두뇌에는 1,000억 개의 뉴런(Neuron, 신경계를 구성하는 주요 세포)과 시냅스(Synapse, 뉴런이라는 신경세포의 부분 중 자극을 세포 밖으로 전도시키는 돌기인 축삭의 끝부분과 신경전달물질이 오가는 다음 뉴런 사이의 틈)가 있는 것으로 추정된다.

---

[8] Emly Waltz," DARPA to Use Electrical Stimulation to Enhance Military Training," IEEE Spectrum, https://spectrum.ieee.org/darpa-to-use-electrical-stimulation-to-improve-military-training

[9] Cheryl Pellerin, U.S. Department of Defense News "DARPA Funds Brain-Stimulation Research to Speed Learning," https://www.defense.gov/News/News-Stories/Article/Article/1164793/darpa-funds-brain-stimulation-research-to-speed-learning/

이 복잡한 네트워크는 뉴런에서 발생하는 신호와 뉴런과 시냅스 간의 복합 상호 작용에서 나오는 뇌파, 이 두 종류의 신호로 구성된다.

뉴런 신호는 대뇌 표면 약 1센티미터 아래에 이식한 뇌 칩으로 포착하고, 뇌파는 뇌파 모자나 인공피부를 얼굴에 착용해 신호를 잡는다. 이렇게 포착한 신호를 컴퓨터에 연결하여 인간의 뇌파로 컴퓨터를 제어하는 기술을 뇌-컴퓨터 인터페이스(brain-computer interface, BCI)라고 한다.

뇌전도 센서를 이용해 휠체어나 로봇 같은 기계를 조작하는 경우 브레인-머신 인터페이스(brain-computer interface, BMI)라고 부르는데, 사용자가 생각만으로 기기를 제어하는 마인드 컨트롤의 한 형태다.

한쪽 뇌에서 발생한 정보를 다른 쪽 뇌로 전달할 수 있는 브레인-브레인 인터페이스(brain-brain interface, BBI) 기술도 있다. 워싱턴대학교 연구팀이 개발한 기술인 브레인 넷(Brain Net)은 '아바타 프로젝트'라고도 불리며, 마치 텔레파시와 같은 현상을 구현한다.[10, 11]

---

10   차원용, 김종석, 모영일, 강태윤, 이재구 외 8명, 『메타버스 비즈니스 2050』(진한엠엔비, 2022), 19.

11   Linxing Jiang et al., "BrainNet: A Multi-Person Brain-to-Brain Interface for Direct Collaboration Between Brains," Nature, vol. 9, 6115(2019), https://www.nature.com/articles/s41598-019-41895-7

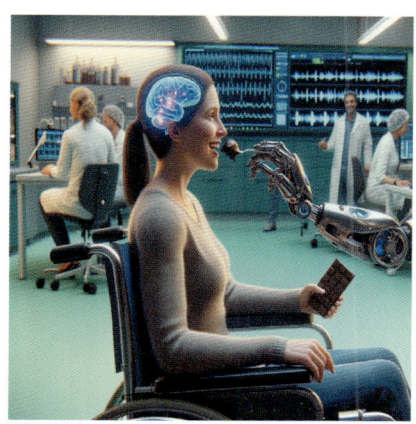

그림 10. 존 슈어만 BCI 테스트 모식도-생각으로 로봇 팔을 이용하여 초콜릿을 먹는 그림
(출처: DALL-E)

존스홉킨스대학교 연구진은 2012년, 신경퇴행성 질환으로 전신 마비 상태인 잔 슈어만(Jan Scheuermann)의 뇌세포 운동 피질에 배열 장치를 이식했다. 그녀는 뇌 임플란트를 통해 로봇 팔을 조작하여 생각만으로 초콜릿 바를 먹을 수 있게 되었다.[12]

1년 반 후, 미 국방과학연구소 달파(Defense Advanced Research Projects Agency DARPA)는 잔 슈어만의 뇌-컴퓨터 인터페이스를 F-35 비행시뮬레이터에 연결하여 생각만으로 비행기를 조종하는 기술을 공

---

[12] Charles Choi, "Paralyzed woman controls robotic arm with her mind," https://www.cbsnews.com/news/paralyzed-woman-controls-robotic-arm-with-her-mind/

개했다.[13,14]

피츠버그대학교의 연구진은 의수의 끝에 촉각, 압력, 온도를 감지할 수 있는 센서를 포함한 고급 마인드 컨트롤 의수를 개발했다.[15] 이 기술을 통해 팔이 없는 사람도 촉각을 직접 느낄 수 있다.[16] 장애와 마비가 있는 환자들에게 희망을 주는 이 기술은 사람들의 지능을 향상시키기 위해 칩을 이식하는 것을 목적으로 신경 과학 벤처기업들이 뇌-기계 연결을 최적화하는 방법을 연구하고 있다.

2019년, 일론 머스크의 뇌과학 스타트업인 뉴럴링크는 설치류의 뇌에 전극을 이식해 뉴런 활동을 평균화하고 전기생리학 데이터를 스트리밍하는 장치를 개발했다.[17]

---

13 Michael Joseoh Gross, "THE PENTAGON's PUSH TO PROGRAM SOLDIERS'BRAINS," https://www.theatlantic.com/magazine/archive/2018/11/the-pentagon-wants-to-weaponize-the-brain-what-could-go-wrong/570841/

14 Abby phillip, "A paralyzed woman flew an F-35 fighter jet in a simulator — using only her mind," https://www.washingtonpost.com/news/speaking-of-science/wp/2015/03/03/a-paralyzed-woman-flew-a-f-35-fighter-jet-in-a-simulator-using-only-her-mind/

15 장길수, "美 피츠버그대, '촉감' 인지하는 BCI 기술 개발," http://m.irobotnews.com/news/articleView.html?idxno=25164

16 Middle Stone, "DARPA's Mind-Controlled Arm Will Make You Wish You Were a Cyborg ," https://gizmodo.com/darpas-mind-controlled-arm-will-make-you-wish-you-were-1776130193

17 Elon Musk, Neuralink, "An Integrated Brain-Machine Interface Platform With Thousands of Channels"(JMIR Publications, 2019), https://www.jmir.org/2019/10/e16194/

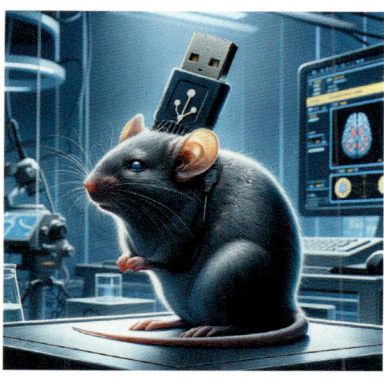

그림 11. 쥐에게 이식된 패키지형 센서 모식도 (출처: DALL-E)

2020년에는 돼지와 원숭이의 뇌에 칩을 이식했다. 이 칩을 이식 받은 원숭이는 생각만으로 비디오 게임을 플레이할 수 있었다. 이러한 발전은 뇌와 기계 간의 직접적인 상호 작용의 가능성을 보여주는 중요한 단계다.

2021년에는 뉴럴링크가 인간의 뇌에 칩을 이식하는 임상 시험을 계획하였다.[18] 신체 일부를 사용할 수 없게 된 환자들에게 칩을 이식함으로써 뇌-컴퓨터 인터페이스를 통해 단순히 생각만으로도 신체를 움직일 수 있게 하는 목표를 세웠다.

---

[18] "머스크의 뉴럴링크 연내 인간 뇌에 칩 이식 임상 시험," https://m.donga-science.com/news.php?idx=51880

하지만, 2022년 초 실험에 참여한 원숭이 중 일부가 죽었다는 주장이 제기되면서 뉴럴링크는 동물 학대 혐의로 기소되었다는 보도가 있었다.

뇌-기계 인터페이스(BMI) 기술은 측정 방식에 따라 세 가지로 분류된다.

첫째, 외부에서 헤드셋 장비 등을 통해 뇌파를 측정하는 비침습형(non-invasive) 방식

둘째, 두피에 마이크로 칩을 시술하여 뇌파를 측정하는 침습형(invasive) 방식

셋째, 전극을 두개골 바깥쪽에 이식하는 반침습적(semi-invasive) 방식

뇌파는 변화가 심하고 약하며 노이즈가 많은 신호이기 때문에, 이로부터 정확한 신호를 추출하는 것은 어렵다. 침습형 측정 방식은 높은 정확도로 신호를 읽을 수 있지만, 장치는 결국 수개월이나 수년 후에 고장 날 수 있다.

신경공학자 더그 웨버(Doug Weber)는 침습형 측정의 가장 큰 문제 중 하나로 혈액 누출을 지적한다. 이물질이 뇌에 주입되면 발생하는

상처, 출혈, 치유 과정으로 인해 혈액이 뇌로 누출될 때마다 세포 활동이 감소하여 문제가 된다는 것이다.[19]

앞서 언급된 잔 슈어만의 경우, 처음에는 BMI 기술을 통해 생각만으로 의수를 조작하여 초콜릿을 집을 수 있었다. 하지만, 기술의 한계가 드러나기 시작하였고, 뇌 활동을 기록하는 임플란트의 기능 저하, 뇌 내부의 전자 기기 거부 반응 등으로 뉴런 신호가 제대로 잡히지 않게 되었다.[20]

그리하여 비침습형 방식을 사용한 뇌와 디지털 기기 간의 인터페이스 연구도 추구되고 있다. 싱크론(Synchron), 파라드로믹(Paradromics) 및 블랙록 뉴로테크(BlackRock Neurotech)와 같은 신경 과학 벤처 기업들은 뇌-기계 연결의 최적화 및 상용화를 위한 연구를 진행 중이다.

---

[19] Michael Joseoh Gross, "THE PENTAGON's PUSH TO PROGRAM SOLDIERS'BRAINS," https://www.theatlantic.com/magazine/archive/2018/11/the-pentagon-wants-to-weaponize-the-brain-what-could-go-wrong/570841/

[20] 차원용, 김종석, 모영일, 강태윤, 이재구 외 8명, 『메타버스 비즈니스 2050』, 267.

그림12. 일론 머스크와 수술 로봇(출처: 위키피디아)

2022년 11월, 뉴럴링크의 '쇼 앤 텔'(Show & Tell) 행사에서 뇌 임플란트 프로토타입과 수술 로봇이 시연되었다. 로봇은 전극을 뇌에 정밀하게 위치시킬 수 있도록 설계되었으며, 출혈을 최소화하기 위해 혈관을 피해 이식하는 과정을 담당한다.[21] 이 작업은 의사와 엔지니어들의 긴밀한 협력하에 진행되었다.

일론 머스크는 2024년부터 '링크'(Link) 이식 수술을 시작할 계획이라고 발표했으며,[22] 이는 미국 식품의약국(FDA)으로부터 2023년 5월에 임상 시험 승인을 받았다. 최근에는 인간 대상으로 수행된 수

---

[21] Jackie Wattles, "Elon Musk's Neuralink shows brain implant prototype and robotic surgeon during recruiting event". https://edition.cnn.com/2022/11/30/tech/elon-musk-neuralink-show-and-tell-scn/index.html

[22] 송광호, "인간 뇌에 들어간 컴퓨터 칩이 몰고 올 변화…신간 '뉴럴링크,'" https://m.yna.co.kr/view/AKR20240112039800005?input=kkt

술이 성공적이었다고 공개되었다.[23]

이 수술 과정에서 외과 의사는 두개골을 절개한 후, 로봇이 뇌에 약 64개의 실로 구성된 매우 얇은 배열을 함께 삽입한다. 폭이 사람 머리카락의 약 14분의 1에 불과한 이 실을 통해 정밀한 뇌 자극이 가능해진다. BMI 기술의 최종 목표는 인간의 두뇌에 칩을 이식하여 초지능을 실현하고 의료적 혜택을 제공하는 것이다.

일론 머스크의 인공지능(AI)에 대한 우려와 뇌-기계 인터페이스를 통한 인간의 사이보그화 필요성[24]에 대한 주장을 다시 한번 보자. 머스크는 인간 지능의 향상을 목표로 하는 완전한 두뇌 인터페이스 개발을 25년 이내의 목표로 설정하였다.[25] 이는 뇌의 복잡한 패턴을 기계가 해석할 수 있는 신호로 전환하는 과정을 포함한다. 그의 비전은 생각만으로 기기를 제어하는 미래, 즉 텔레파시 기능의 실현을 지향한다.

---

23 이원지, "일론 머스크 '뉴럴링크', 인간 뇌에 칩 이식 성공⋯," https://www.etnews.com/20240130000150, https://www.etnews.com/20240130000150

24 Stephen Shankland, "Watch Live: Neuralink Brain Implant 'Show and Tell' Update," https://www.cnet.com/science/watch-live-neuralink-brain-implant-show-and-tell-update/

25 Ariel Zilber, "Elon Musk's dream of Mars colonies will be realized by 'human cyborgs': astronomer," https://nypost.com/2022/05/31/musks-dream-of-mars-colonies-will-be-realized-by-human-cyborgs/

그러나 아직은 미지의 영역을 탐험하는 것과 같다. 뇌 전체에 대한 정밀한 지도가 완성되지 않은 상태이기 때문이다. 전세계적으로 뇌의 작동 원리를 이해하고, 뇌 질환 치료법을 개발하기 위한 연구 개발 노력이 진행 중이다.[26] 이런 과학적 탐구는 인류에게 전례 없는 변화를 제공하는 동시에 우리 사회에 새로운 윤리적, 사회적, 법적 도전이 되고 있다.

뉴럴링크와 같은 프로젝트가 인간과 기계의 통합을 추구함에 따라, 우리는 기술을 어떻게 관리하고 통제할 것인지에 대해 깊이 고민해야 한다. 단순히 기술적인 질문을 넘어서, 미래 사회를 염두에 두어야 할 것이다.

3) 나노 로봇 기술

나노 기술의 급속한 발전은 현대 의학과 생명공학의 경계를 새롭게 정의하고 있다. 나노 기술은 원자와 분자, 즉 10억분의 1미터 단위에서 작동하는 놀라운 세계다. 이 기술은 이미 반도체에서 의료에

---

[26] Jonathan Wosen, "NIH launches the next stage of its 'human genome project' for the brain," https://www.statnews.com/2022/09/22/nih-launches-next-stage-of-human-genome-project-for-brain/

이르기까지 우리 삶의 여러 분야에 깊숙이 자리잡고 있다.

주목할 만한 분야는 나노 기술과 로봇 기술의 결합에서 탄생한 나노봇이다. 1959년, 물리학자 리처드 파인만(Richard P. Feynman, 1918~1988)의 상상에서 출발한 나노봇은 이제 우리 몸속으로 파고들 수 있다. 머리카락의 10만분의 1 크기에 불과한 이 초소형 로봇들은 질병을 찾아내고, 약물을 정확한 위치에 전달하며,[27] 심지어 손상된 조직을 복구하는 등 의학 분야의 혁명을 예고하고 있다. 이 기술은 인간의 생명과 건강을 지키는 방법에 대한 기존 관념을 완전히 변화시킬 수 있다.

나노봇 기술은 인간의 사이보그화를 통한 새로운 면역 체계 구축에 필수적인 역할을 할 수 있다. 이는 뇌-기계 인터페이스를 통해 인간의 지능을 향상시키고, 텔레파시 기능을 가능하게 하는 것을 포함하여, 인간의 물리적 한계를 극복하는 트랜스휴먼의 비전과도 직결된다.

나노봇의 활용 사례는 군사 분야에서도 볼 수 있다. 예를 들어, 미국방부 산하 연구기관인 방위고등연구계획국 달파(DARPA, Defense Advanced Research Projects Agency)는 나노봇을 이용하여 군인들의 환

---

[27] 홍성윤, "[메디컬 로봇] 나노봇 부대, 복잡한 수술에 도입된다." http://www.aitimes.com/news/articleView.html?idxno=47455

경 적응 능력을 향상시키고, 신체 능력을 강화하는 연구를 진행 중이다.

환경 적응을 위한 고급 순응 장치로 불리는 어댑터(ADAPTER, Advanced Acclimation and Protection Tool for Environmental Readiness)를 병사의 피부 아래에 이식하거나, 소화관에 보관하는 것이다. 어댑터로 안전하지 않은 음식이나 물이 걱정될 때, 군인은 버튼을 눌러 장치의 신호를 보내 항생제를 생산하고, 사이보그 면역 체계를 만들 수 있다.

이렇게 나노봇은 병을 진단하고, 치료하며, 박테리아와 바이러스의 침입을 찾아내어 공격을 할 수도 있다.[28] 미래 전장에서 군인들의 생존율을 높이고, 그들의 전투 효율성을 극대화할 수 있는 기술로 주목받고 있다. 게다가 달파(DARPA)와 같은 연구 기관에서는 나노로봇을 이용한 혈액 및 뇌 장벽을 투과하는 기술 개발에 박차를 가하고 있다.[29]

하지만, 나노봇 기술이 우리 삶에 가져올 변화는 기술적 발전의 문제를 넘어선다. 이 기술의 도입은 프라이버시, 데이터 보안, 그리

---

[28] "DARPA Program to Build Travel Adapter for Human Body," https://www.darpa.mil/news-events/2020-04-06

[29] 가나노기술정책센터, '나노인사이트 30호, 26-27, https://www.nnpc.re.kr/bbs/board.php?bo_table=04_02_03&wr_id=2049

고 인간 강화에 대한 새로운 윤리적, 사회적 질문을 제기한다.

나노봇의 활용이 가져올 변화를 어떻게 관리할 것인지 심도 있는 논의와 고민이 필요한 시점이다.

2. 키메라, 생물학적 하이브리드

1) 인간-동물 하이브리드(합성)와 트랜스휴머니즘

동물은 인간의 감각 수준을 초월한다. 지진을 감지하고, 인간이 들을 수 없는 영역대의 소리를 듣고, 인간이 볼 수 없는 파장대를 본다. 인간의 가청 영역은 16헤르츠(Hz)~20킬로헤르츠(kHz)이며, 20킬로헤르츠 이상의 초음파는 지진파로서 개미, 물고기, 원숭이 곤충들은 지진파를 듣고 해일이 오기 전에 피신한다.[30]

옥스퍼드대학교 철학 교수인 닉 보스트롬(Nick Bostrom)은 트랜스휴머니스트의 가치(Transhumanist Values)에서 인간과 동물의 조합의 이점을 설명한다. 그는 왜 인간이 이런 출중한 감각과 능력을 갖지

---

[30] Catherine Donaldson-Evans, "Tsunami Animals: a Sixth Sense," https://www.foxnews.com/story/tsunami-animals-a-sixth-sense

않는지에 의문을 제기하며, 식물과 동물의 특성을 이용해 인간의 감각 범위를 확장하는 방안을 제안했다.[31]

인간-동물 하이브리드에 대한 닉 보스트롬과 같은 급진적 입장과 더불어, 이종 장기에 대한 의학적 관점도 존재한다. 미국 소크연구소(Salk Institute for Biological Studies)의 연구자들은 이종의 유기체 내에서 한 종의 세포를 성장시킬 수 있는 능력이 연구와 의학에 강력한 도구를 제공한다고 보는 입장이다.[32] 이는 초기 인간 발달, 질병 발병 및 노화에 대한 이해를 향상시키고, 약물 평가를 위한 플랫폼을 제공할 수 있으며, 이식 가능한 장기에 대한 중요한 필요를 충족할 수 있다고 믿기 때문이다.

2021년 1월 이종 장기에 대한 의학적 시도가 있었다. 메릴랜드대학병원 의료팀이 미국의 FDA 승인을 얻어 시한부 심장질환자 데이비드 베넷 씨에게 돼지에서 자라게 한 심장을 이식하는 사건이 있었다. 이종의 장기가 인간에게 이식되면, 초기 급성 거부 반응으로 인해 생존이 어렵기 때문에, 의료진은 크리스퍼 유전자 편집 기술로

---

[31] Nick Bostrom, "Transhumanist Values," https://nickbostrom.com/ethics/values
[32] La Jolla, "광범위한 재생 의학, 생의학 연구 응용 분야를 위한 고급 키메라 도구," https://www.salk.edu/news-release/chimeric-tool-advanced-for-wide-range-of-regenerative-medicine-biomedical-research-applications/

초기 면역 거부 반응을 제거한 간을 베넷 씨에게 이식했다.

베넷 씨는 안정적 이식 후에 초기 급성 거부 반응 없이 한동안 생존하였다. 그러나 두 달 후 그는 사망하였고, 병원은 정확한 사인을 알지 못했다. 이는 서로 다른 종간의 면역 질환과 돌연변이 등 인간 장기의 하이브리드 적용에 과학적으로 미지의 영역이 존재함을 보여준다.

2019년 4월에는 중국과학원의 쿤밍동물학연구소와 미국 소크연구소의 스페인 과학자 후안(Juan Carlos Izpisua Belmonte) 교수가 최초로 인간-원숭이 키메라를 공동 주도하였다.[33] 중국 연구자들은 원숭이 배아에 인간의 두뇌 발달에 중요한 MCPH1유전자를 삽입하였다. 이 연구는 인간 건강을 이해하고 개선하기 위해 수행되었다고 후안 교수는 밝혔다.[34] 신경정신과 질병의 치료를 위한 인간과 원숭이의 뇌세포 합성 실험이었다.

미국 국립보건원(National Institutes of Health)은 연방 기금으로 인간과 원숭이의 혼합 배아를 만들 수 없다. 그래서 사설 기관에서의 투

---

[33] Antonio Regaladoarchive, "Scientists are making human-monkey hybrids in China," https://www.technologyreview.com/2019/08/01/652/scientists-are-making-human-monkey-hybrids-in-china/

[34] Pholop Ball, "Mixed messages: is research into human-monkey embryos ethical?" https://www.theguardian.com/science/2021/may/15/mixed-messages-is-research-into-human-animal-hybrids-ethical-chimera

자금으로 중국에서 이런 연구를 많이 진행한다. 대신, 혼합된 배아는 연구실에서 1~2주 동안만 발달하도록 허용된다.

2020년에는 독일의 빌란트 후트너 연구팀도 마모셋 원숭이의 태아에 인간 유전자 ARHGAP11B를 주입했다. 실험 결과 원숭이의 뇌 신피질 부피가 일반 원숭이의 2배 수준이 되고, 뇌의 표면 주름도 인간과 유사하게 발달했다.

연구진은 ARHGAP11B 유전자가 원숭이 태아의 뇌 피질에 영향을 미칠 것을 충분히 예상한 상태에서 실험을 진행하였다. 뇌의 외피를 구성하는 신피질은 전체 크기의 75퍼센트를 차지하며 고차원의 뇌 기능에 관여한다. 발생학적 확인을 위해 인간 뇌 원숭이 하이브리드 실험을 진행한 것이다. 연구진들은 이후 발생할 여러 윤리적 문제를 고려하여 처음부터 태아 단계치의 실험만을 대상으로 계획하였다고 한다.

2) 윤리적·과학적 쟁점

브리티시컬럼비아대학교의 신경학 교수이며 캐나다 신경윤리학 연구 의장인 주디 박사(Dr. Judy illes)는 원숭이를 인간화 하기 위한 부분의 실험 설계가 발전적인지 의문을 제기하고 있다.[35]

2020년 「더 사이언티스트」(The Scientist) 저널의 인간 키메라(chimera, 생물학에서 하나의 생물체 안에 서로 다른 유전 형질을 가지는 동종의 조직이 함께 존재하는 현상) 연구 조사에 따르면, 미국인의 60퍼센트가 인간 장기를 만들기 위해 동물과 인간 하이브리드 실험을 지지한다고 밝혔다.[36]

이미 연구실에서 많은 연구가 진행되었을 것으로 예상된다. 일부 과학자들은 인간 신경 장애를 연구하기 위해 원숭이 뇌의 많은 부분은 완전히 인간화할 것을 제안한다.

'오크'를 만들려고 하는 것인가?

---

[35] Sharon Kirkey, "It just really ethically scares me': Caution urged as scientists look to create human-monkey chimeras," https://nationalpost.com/news/canada/it-just-really-ethically-scares-me-caution-urged-as-scientists-look-to-create-human-monkey-chimeras

[36] Amanda Heidt, "Majority of Respondents Support Chimeric Animal Research: Survey," https://www.the-scientist.com/majority-of-respondents-support-chimeric-animal-research-survey-68013

오크는 영화 <호빗>에 나오는 좀비 같은 존재로, 살인 기계의 특성을 가지고 있다.

원숭이의 뇌가 인간 뇌로 완전히 교체된다면, 어떤 결과가 초래될까?

캐나다 맥길대학교의 신경생물학자인 에반(Evan Balaban) 교수는 종의 합성에서 형질 교환이 나타난 결과를 발표한 적이 있다. 그는 메추리의 뇌 일부를 닭의 뇌에 이식한 결과, 닭에게서 메추리 울음소리를 들을 수 있었다고 한다.[37,38] 이는 뇌의 합성이라는 의도된 실험이 예측할 수 없는 결과를 보여줌을 의미한다. 그러므로 인간의 마음에 돼지, 양, 개, 각종 동물의 행동 패턴, 기억, 본능이 미칠 가능성 역시 배제할 수 없다.

그렇다면, 인간-원숭이 하이브리드 모델이 인간을 위한 장기 제공의 기반이 될 수 있을까?

---

[37] Rick Weiss, "Of Mice, Men and in-between" https://www.washingtonpost.com/archive/politics/2004/11/20/of-mice-men-and-in-between/37c7d9f7-3dde-4469-9f12-e8d6569046d3/

[38] "해외양계뉴스,"「월간양계」(대한양계협회, 1997. 8), https://koreascience.kr/article/JAKO199772207500371.pdf

미 질병관리본부(CDC, Centers for disease control and prevention)에 의하면, 대부분의 원숭이는 헤르페스 B 바이러스에 감염되어 있으며,[39] 감염은 척수와 뇌로 빠르게 진행되어 위험할 수 있다고 한다.

1992년에 발생한 사례에서 24명 중 19명(79퍼센트)이 사망한 바 있다. 원숭이 종은 B-바이러스 전파의 위험이 있다. 바이러스는 스트레스나 면역 억제 기간 동안 타액 또는 생식기 분비물로 재활성화될 수 있으며, 그로 인한 평생 감염이 특징이다.

2023년에는 중국이 국가 부도 상태에 있던 스리랑카에 토종 원숭이 토크마카크 10만 마리 수출을 요청한 적이 있다.[40] 토크마카크 원숭이는 멸종 위기종이다. 스리랑카 환경재단 소속 변호사는 중국이 왜 그렇게 많은 원숭이를 한꺼번에 데려가려는 지에 대해 의혹을 제기했다.[41]

---

[39] Stephanie R. Ostrowski et al.,"B-virus from Pet Macaque Monkeys: An Emerging Threat in the United States?", Vol 4,1(March 1998), https://wwwnc.cdc.gov/eid/article/4/1/98-0117_article

[40] P.K. Balachandran, "Plan to Export Sri Lankan Monkeys to China Faces Opposition" https://thediplomat.com/2023/04/plan-to-export-sri-lankan-monkeys-to-china-faces-opposition/

[41] 이후림, "'원숭이라도 팔자' 국가 부도 스리랑카, 중국에 멸종 위기종 수출 검토," https://www.newspenguin.com/news/articleView.html?idxno=13905

중국은 2021년 9월부터 뇌 계획 5개년 사업으로 원숭이를 이용한 뇌 인지 기능, 신경 기반 뇌 장애 진단 및 치료, 뇌 이미징 연구를 집중적으로 수행하고 있으며, 사업 규모는 5년간 약 50억 위안(1조 원)에 달한다. 이는 유럽연합의 브레인 연구 사업의 2배 정도의 규모다.

원숭이의 사육과 유전자 편집이 어마어마한 규모로 자행되고 있다. 쿤밍동물학연구소는 최근 5000마리의 원숭이를 수용할 수 있는 시설을 완공했으며, 10년 후에는 하이난섬의 원숭이사육연구센터에서 20,000마리를 수용할 예정이다.[42]

3) 트랜스휴머니즘과 생명공학의 발전

오라클 창업자 래리 앨리슨(Larry Ellison)은 죽음을 자연스럽게 받아들여야 한다는 통념을 납득할 수 없다고 말한다. 구글의 공동 창업자 세르게이 브린(Sergey Brin) 역시 언젠가 죽음을 다스릴 수 있다고 생각한다고 밝힌 바 있다.

---

[42] Dennis Normile, "China bets big on brain research with massive cash infusion and openness to monkey studies," https://www.science.org/content/article/china-bets-big-brain-research-massive-cash-infusion-and-openness-monkey-studies

유전자 편집 기술, 생명 복제, DNA 복원 기술의 발전으로 다양한 생명공학 스타트업이 등장하고, 이 분야에 대한 투자가 활발해지고 있다.

진시황제처럼 불로초를 찾아다니지 않아도 되는 세상이 왔다. 역노화 치료제 개발을 목표로 하는 알토스 랩(Altos Lab)은 30억 달러의 투자를 받았고,[43] 후생 유전 재프로그래밍 의약품을 개발하는 뉴리밋(New Limit)은 1억 달러 이상의 투자를 유치했다. 또한, 사우디아라비아에 설립된 헤볼루션재단은 장수와 질병, 의약 연구를 위해 연간 10억 달러의 투자를 받고 있다.[44]

트랜스휴머니즘의 비전과 연결되는 오늘날의 기술 상황을 살펴보도록 하자.

---

[43] James Riding, "The billion-dollar search for immortality There's nothing noble about cheating death," https://unherd.com/2023/06/the-billion-dollar-search-for-immortality/

[44] Jonathan Weiner, "불멸을 추구하는 노화과학의 역사," https://www.technologyreview.kr/pursuing-immortality-consolations-mortality/

4) 노화 메커니즘의 발견과 그 영향

2009년 사람의 노화 메커니즘이 밝혀져 큰 주목을 받았다. 이 발견으로 캐럴 그라이더와 엘리자베스 블랙번은 노벨 의학상을 수상했다. 연구의 핵심은 염색체 끝에 위치한 DNA 조각, 텔로미어(telomere)다.

인간이 성장하는 동안 세포 분열이 활발하게 이루어지고, 성장이 멈추면 세포 분열이 줄어들며, 텔로미어의 길이가 줄어들면서 세포 노화가 시작된다. 텔로미어가 짧아지는 이유는 세포 분열 시 DNA를 복제하는 과정에서 DNA 중합효소가 염색체 끝의 일부를 복제하지 못하기 때문이다. 텔로미어의 길이가 일정 크기 이하로 줄어들면, 세포는 손상된 것으로 판단되어, 세포 증식이 정지된다.[45]

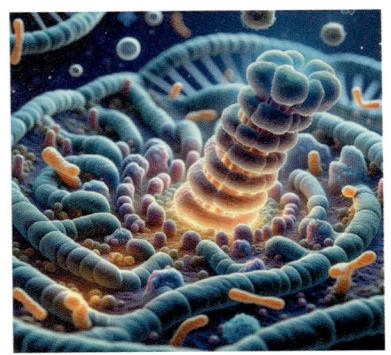

그림 13. 텔레미오(출처: DALL-E)

---

[45] 황은성, "우리는 왜 노화하는가? 노화와 수명의 기전," https://www.ksmcb.or.kr/file/bio_2018/lectures/황은성%20교수님%20이력%20및%20강연%20요지.pdf

하지만, 텔로미어의 길이를 인위적으로 길게 유지한다 해도 노화를 완전히 막을 수는 없다. 오히려, 비정상적으로 긴 텔로미어는 암세포 발생의 원인이 될 수 있다.

2013년 구글은 노화와 질병 퇴치를 목적으로 생명공학회사 칼리코(Calico)를 설립했다. 칼리코는 장수 연구로 유명한 신시아 케넌(Cynthia Kenyon) 박사를 영입하여, DAF-2 유전자 조작을 통해 회충의 수명을 6배 연장하는 데 성공했고, 아프리카 벌거숭이두더지 연구를 통해 인간 수명 연장 프로젝트를 진행 중이다.

2023년 7월에는 하버드대학교 의과대학, 메인대학교 그리고 MIT의 과학자들이 세포를 젊은 상태로 되돌리는 화학적 방법을 발표했다. 이들은 '야마나카 인자'를 기반으로 하여 세포 노화를 역전시키고, 인간 세포를 재생할 수 있는 분자를 발견했다.

야마나카 인자는 성체 세포를 유도만능줄기세포(induced pluripotent stem cells, IPS)로 전환시키는 데 사용된다. 이 기술은 크리스퍼-캐스9(CRIPSR-Cas9) 유전자 가위 기술과 결합하여, 인간의 노화를 늦추고, 심지어 역전시킬 수 있는 새로운 길을 제시하고 있다.[46] 전신 회

---

[46] IMPACT JOURNALS LLC, "Age Reversal Breakthrough: Harvard/MIT Discovery Could Enable Whole-Body Rejuvenation," https://scitechdaily.com/age-reversal-breakthrough-harvard-mit-discovery-could-enable-whole-body-rejuvenation/?expand_article=1

춘의 가능성을 연 것이다.

이러한 연구와 기술의 발전은 인간의 수명을 연장하고, 극노화와 인간 강화 가능성에 한 걸음 더 다가설 수 있게 한다. 세계적으로 기술 회사와 각국 정부가 이러한 연구에 투자를 아끼지 않는 이유도 바로 여기에 있다.

그렇다면 크리스퍼-캐스9 유전자 가위 기술에 대해 살펴보도록 하자.

5) 유전자 편집 기술: '크리스퍼-캐스9' 유전자 가위

막스플랑크연구소의 에마누엘 샤르팡티에(Emmanuelle Charpentier)와 미국 캘리포니아대학교(UC버클리)의 제니퍼 다우드나(Jennifer A. Doudna)가 2020년에 노벨화학상을 공동 수상하였다. 유전자 조작을 손쉽게 하며 할 수 있는 기술인 '크리스퍼-캐스9'(CRISPR[Clustered regularly interspaced short palindromic repeats]-Cas9) 유전자 가위 개발에 관한 공로를 인정받은 결과다.

이 기술을 사용하면, 자르고 바꾸고 끄는 등 원하는 대로 유전자를 조작할 수 있다. 현재 크리스퍼-캐스9 유전자 가위는 동물, 식물, 미생물의 DNA를 매우 정교하게 바꿀 수 있어 많은 질병 치료에 사용될 수 있다.

크리스퍼스-캐스9은 DNA 중 어떤 부분을 절단할지를 안내하는 '가이드 RNA'와 DNA를 절단하는 효소인 '캐스9'(Cas9)이 하나의 복합체를 구성하고 있다. 크리스퍼-캐스9은 '가이드 RNA'라고 불리는 분자가 DNA의 특정 부분을 찾아내고, '캐스9' 효소가 그 부분을 자르는 방식으로 작동한다.

연구자들이 유전자를 편집하고 싶은 부위에 '캐스9' 효소를 넣으면, 세포는 절단된 DNA를 고치려고 시도한다. 그런 반복 과정을 통해 원래의 염기 서열과 차이가 나타나면, 크리스퍼는 '복구 오류'로 작동을 멈춘다. 이런 식으로 유전자를 정확히 찾아내서 절단하는 것이 가능하다. 또 절단된 세포가 복구되는 이 과정에서 원하는 DNA 서열을 넣어 흡수하게 함으로써 유전자를 자르고 다른 유전자를 붙여 넣는 편집이 가능하게 된다.[47]

하지만, 2022년 텔아비브대학교의 연구팀은 유전자 편집이 전체 유전체의 안정성을 떨어뜨리고 암을 유발할 수 있다고 경고했다.[48] DNA를 수정하는 과정에서 원치 않는 변화가 생겨 질병을 유발할

---

[47] https://ko.wikipedia.org/wiki/CRISPR
[48] 한기천, "'크리스퍼 가위'의 숨겨진 위험, 유전자 편집이 암 촉발할 수도," https://www.sciencetimes.co.kr/news/크리스퍼 가위의 숨겨진 위험, 유전자 편집이 암 촉발할 수도/

수 있다는 것이다.

게다가 이 기술은 '디자이너 베이비'(Designer Baby, 원하는 대로 유전자를 수정해 탄생시킨 맞춤 아기)나 '슈퍼 베이비'와 같이 특정한 특징을 가진 아기를 만드는 데 사용될 수 있다. 생명 자체를 우생학적 관점에서 선택한다는 윤리적 문제를 일으킬 가능성이 있다.

따라서, 유전적 뿌리와 치료제를 찾고자 크리스퍼-캐스9을 포함한 유전자 편집 기술을 사용할 때는 윤리적이고 법적인 기준을 준수하는 것이 중요하다.[49]

6) 우생학

하버드대학교의 마이클 샌델(Michael J. Sandel) 교수는 『생명의 윤리를 말하다』에서 유전공학을 통해 우수한 아이로 경쟁력을 갖추게 하는 부모의 시도가 우생학에 가까운 것임을 말하고 있다.

우생학은 영국의 프랜시스 골턴이 1883년에 창시하였는데, 종의 형질을 인위적으로 육종하여 우수한 종을 만들려는 학문이다. 즉, 유전자의 질을 개량하여 인간을 보다 나은 존재로 만들려는 것이다.

---

[49] 위갑인, 김진수, "유전체 교정을 위한 유전자가위(engineered nuclease)의 개발과 활용," https://www.ksmcb.or.kr/file/webzine/2013_11_01.pdf

20세기 초반, 우생학은 독일 나치의 '인종 위생'이라는 기치 아래 끔찍한 실험들과 유대인 학살로 이어졌다.

2차 세계대전 독일 패망 이후로 우생학은 영미권에서도 쇠퇴하기 시작했다. 이에, 우생학을 지키려는 움직임이 생물학자들 안에서 일어났다. 현대 사회의 우생학은 인간유전학으로 명칭을 바꾸고, 정부 중심에서 가족 중심의 유전 상담 등으로 흐름을 이어가고 있다.

7) 인간 생식 계열 편집의 심각한 위험성

2018년, 중국의 허 지안쿠이(He Jiankui) 연구팀이 인간 배아의 유전자를 편집하여 인간 DNA를 수정했다는 사실이 발표되었다. 이 연구에서 그들은 후천성면역결핍증(HIV)에 면역력을 가진 아기를 인공적으로 생성했다.[50]

전문가들은 HIV에 저항성을 제공하기 위해 CCR5 유전자를 불능화시켰을 것으로 추정하고 있다. 이 유전자는 폐, 간, 뇌 등을 일부 심각한 감염과 만성 질환으로부터 보호하는 중요한 역할을 한다.[51]

---

[50] 월터 아이작슨, 『코드 브레이커』, 조은영 역 (웅진 지식하우스, 2022), 391.

[51] Online Symposium: Paul Enríquez's Rewriting Nature: The Future of Genome Editing and How to Bridge the Gap Between Law and Science, https://www.bu.edu/bulawreview/2022/03/30/rewriting-nature-the-case-of-heritable-human-ge-

하지만, 유전적 상호 작용에 대한 충분한 이해 없이 진행된 이 실험은 태아의 발달에 어떠한 영향을 미칠지 아직 검증되지 않은 상태다.⁵²

2022년 보스턴대학교의 온라인 법률 심포지엄인 "Rewriting Nature"에서는 과학이 발전함에 따라 불법 행위자들이 기술을 남용하는 것을 방지하는 것의 중요성이 강조되었다. 또한, 인간 질병의 영향을 예방, 치료, 또는 완화하기 위한 유전자 편집의 첫 임상 사용은 '중대한 단일 유전자 질환'에 한해 이루어져야 하며, 이는 '원인 돌연변이가 명백히 확인된 경우'에 제한되어야 한다는 견해가 발표되었다. 서아프리카에서 발생하는 겸상 적혈구 빈혈증의 유전자 편집 치료, 후천성 질환인 헌팅턴병의 사전 치료, 운동선수의 근력 향상을 위한 체세포 게놈 편집, 그리고 낭포성섬유증의 임상 시험 등이 이에 해당한다.

난치병 치료 목적이 당위성으로 작용하는 '생식 계열 공학'에 단순히 윤리적인 문제만 존재하는 것은 아니다. 유전적 자손에 대한 변화가 시작되면 인류의 유전형과 표현형(본성, 신체 구성, 행동)을 되돌릴 수 없게 된다는 또 다른 이슈가 있다.

---

nome-editing/#_ftn18

52 월터 아이작슨, 『코드 브레이커』, 434.

생식 계열 유전공학은 매우 초기의 배아, 정자, 난자에서 인간 유전자를 유전자 변형함으로써 초기 우생학 운동(선택적 육종을 통한 유전학 개선을 통해 우월한 인간을 창조하려는)의 목표를 실제로 달성할 수 있는 잠재력이 있다. 일부 보수적인 생명윤리학자들은 생식 계열 공학을 인간 강화 기술 중 가장 위험한 것으로 간주한다.

혁신적 기술은 선용되어야 한다. 그러나 '신 만들기'를 시작한다면 인간 생명 존엄성 및 인간 본성의 유일성을 해칠 수 있다.[53]

샌델 교수는 '생명은 선물이다'라고 주장한다. 그는 "신만이 생명이라는 선물을 줄 수 있다는 생각은 종교적으로만 생겨나는 것이 아니라 세속적으로도 할 수 있는 생각이다"라고 밝혔다.

8) 생명 복제 기술이 어디까지 발전되었을까?

생명공학에서 말하는 클로닝(cloning)이란 DNA 조각이나 세포, 유기체를 복제하는 과정을 의미한다.

인간 복제는 더이상 불가능한 기술이 아니다. 인간 복제가 충분히 가능하지만 사회 윤리적 문제가 발생하기 때문에 인간의 수정란은

---

[53] Ronald J.Sider, Dianne Knippers, "Toward an Evangelical Public Policy: Political Strategies for the Health of the Nation"(Baker Books , 2005), 371.

실험이 금지되었다.[54]

2018년에 상하이연구소는 세계 최초의 원숭이 복제품인 긴꼬리원숭이 두 마리를 생산했으며, 2018년 중국 최초의 생명공학회사인 시노진(Sinogene)은 중국의 스타견 주스(중국어로 "Guozhi")를 복제하여 화제가 되었다. 주스의 스타 이미지를 계속 이어 나가기 원하는 견주의 뜻에 따라 주스의 체세포에서 DNA를 추출하였다. 그리고 난자를 수정시켜 대리모견(이 경우 비글)의 자궁에 삽입하였다.[55]

아울러 시노진(Sinogene)은 대략 5만 불의 비용으로 상업용 애완동물 복제가 가능하도록 하는 서비스를 2018년에 출시했으며, 유전자를 편집하여 애완견을 복제하는 기술도 제공할 예정이다. 현재 애완동물 복제 회사로는 중국의 시노진을 비롯하여 미국의 비아젠, 한국의 수암바이오텍 등이 있다.

이미 하마를 제외한 대부분의 동물 복제는 성공했고, 사람과 가장 흡사한 원숭이와 같은 영장류까지도 복제에 성공하였다.

---

[54] 홍성택, "인간복제 가능할까?…영화 속 과학 '제미니 맨'," https://www.hellodd.com/news/articleView.html?idxno=70008

[55] Joseph Campbell, "Two of a kind: China's first pet cloning service duplicates star pooch," https://www.reuters.com/article/uk-china-petcloning-idUKKBN1OG10N

9) 멸종된 생물의 복원

최근에는 털매머드(woolly mammoth)와 같은 멸종된 생물체들의 DNA 복원 기술을 활용하는 일을 시도하는 콘셉트도 나오고 있다.[56] 복제는 살아있는 세포에서 가능하다.

매머드를 어떻게 복제한다는 것인가?

매머드를 되살리는 것이 아니라 실험실 접시에 있는 코끼리 세포의 게놈 서열을 편집하고, 새로운 게놈 편집 기술을 사용하여, 코끼리 서열의 일부를 매머드 버전으로 바꾸는 것이다. 매머드를 코끼리보다 매머드처럼 보이게 하고 행동하는 데 중요하다고 생각하는 시퀀스들을 오늘날 기술들로 시도하는 것이다.[57]

그러나, 2020년 샌디에이고동물원과 야생 동물 보전 단체 및 반려동물 복제 회사 비아진이퀸(ViaGen Equine)은 40년 동안 냉동 상태로 보존되어 있던 세포를 이용하여 멸종 위기의 프르제발스키말(학

---

[56] Lucia Martinelli et al., 「Croat Med J」(NLM, 2014 Aug) 55(4): 423-427. "De-extinction: a novel and remarkable case of bio-objectification," https://www.ncbi.nlm.nih.gov/pmc/articles/PMC4157387/

[57] NPR Staff, " If Science Could 'Clone A Mammoth,' Could It Save An Elephant?" https://www.npr.org/2015/05/09/404661850/if-science-could-clone-a-mammoth-could-it-save-an-elephant

명 Equus Przewalskii) 복제에 성공하였다.[58]

이번 연구는 냉동 상태의 세포를 이용하였기에 학계의 주목을 받았다. 야생 동물 보전 단체인 '리바이브앤리스토어'(Revive & Restore)는 이번 프르제발스키말 복제를 계기로 냉동 세포 활용 동물 복제를 추가 연구해, 언젠가는 수천 년 전 멸종한 매머드를 복제할 수 있으리라 믿고 있다. 시베리아 영구 동토층에 매머드 조직 세포가 냉동 상태로 존재한다.

10) 유전공학의 윤리적 고민

러시아지리학회 회장이며 전 국방장관이었던 세르게이 쇼이구(Sergei Shoigu)는 영화에서나 보았을 법한 일들을 시도하고 있다. 2018년 여름부터 시베리아에 위치한 투바(Tuva)공화국의 왕가의 계곡에서 오랜 시간 지리학적 탐사를 진행한 그는 고대 전사의 DNA 복원을 위해 3,000년 된 DNA 유기체를 발굴하기 원한다고 러시아 국영 방송에서 보도한 바 있다.[59]

---

[58] 임병선, "40년 냉동 세포 시절 보내고 복제된 야생마 후예," https://www.newspenguin.com/news/articleView.html?idxno=2675

[59] WILL STEWART IN MOSCOW FOR MAILONLINE, "Does Putin really need another army? Russia's defence minister wants to CLONE 3,000-year-old

시베리아 영구 동토층에 '매머드만 있는 게 아니다.' 그러기에 세르게이 쇼이구는 복제 양 돌리는 아니더라도, DNA 복원 클론을 만들 것이라고 하였다.

영화에나 나올 법한 시나리오가 유전공학의 무법 지대에서 일어나고 있다. 트랜스휴먼의 또 다른 가능성을 볼 수 있다.

이렇듯 생명과학 기술이 누구의 손에 있느냐, 어떤 목적으로, 어떤 윤리를 가지고 사용하고 있느냐는 인류에게 중요한 문제다.

---

ancient warriors from remains found in Siberia (and their horses to boot)," https://www.dailymail.co.uk/news/article-9478457/Russias-defence-minister-wants-CLONE-3-000-year-old-ancient-warriors.html

제4장

인간 강화와 문화 예술

1. 신이 된 사람 '호모 데우스'

유발 노아 하라리(Yuval Noah Harari)는 영향력 있는 이스라엘의 역사학자로, 『호모 데우스』의 저자다. 이 책의 제목은 라틴어로 '신이 된 인간'을 의미하며, 유전공학과 인공지능 등의 과학 기술을 통한 인간의 변형을 다루고 있다.

하라리는 『호모 데우스』에서 21세기에 나타날 두 가지 주요 발전을 언급한다. 불멸을 추구하는 노력과 행복 강화가 그것이다.

호모 데우스의 불멸 추구는 의학적 문제로서의 육체적 죽음을 해결하려는 노력을 의미한다. 트랜스휴머니스트들은 인간의 죽음을 기술적 문제로 보고 있으며, 이에 대한 해결책도 기술적으로 찾을 수 있다고 믿는다. 그들에게 있어 행복 추구는 인간의 마음과 몸을 생화학적으로 재설계하여 영원한 즐거움을 누리는 것을 목표로 한다.

하라리는 호모 사피엔스가 죽음이라는 한계를 극복하고 신의 수준으로의 '호모 데우스'가 되는 것, 곧 트랜스휴먼, 인간을 넘어서는 존재가 될 것임을 시사한다. 한국에서는 '육각형 인간'이라는 용어가 유행하고 있는데, 이는 완벽한 인간을 의미한다.

그러나 트랜스휴머니스트들에게는 호모 데우스, 즉 사이보그화된 초지능 인간이나 초인적인 군인을 의미할 수 있다.

하라리는 인간이 자연 선택이 아닌 지적 설계를 통해 생명을 유기체에서 무기체로 확장시키는 일이 이미 준비되어 있다고 주장한다. 이러한 관점은 많은 선구적인 과학자들 사이에서도 공감을 얻고 있으며, 이 분야에 상당한 투자가 유입되고 있다.

이제 트랜스휴머니즘의 기원을 살펴볼 시간이다.

2. 트랜스휴머니즘: 고대의 꿈에서 현대의 현실까지

그림 14. 유발 노아 하라리
『호모 데우스』 히브리어 초판

트랜스휴머니즘의 기원은 고대로 거슬러 올라간다. 옥스퍼드대학교 철학과 교수인 닉 보스트롬(Nick Bostrom)은 트랜스휴머니즘의 역사를 탐구하는 논문에서 앞서 언급한 수메르의 길가메시를 트랜스휴머니즘의 고대 기원으로 본다.[1]

메소포타미아의 고대 영웅이 죽음과 영생의 의미를 탐구하는 여정은 오늘날 우리가 생명공학과 유전학에 그토록 투자하는 근본적인 이유를 상징적으로 보여준다. 그 여정의 결말은 성공적이지 않았지만, 그의 질문은 인류 역사에 계속되는 탐구로 남아 있다.

현대의 트랜스휴머니즘은 이 고대의 질문에 기술적인 답을 제시하고 있다. 유전자 변형, 사이버네틱 임플란트, 기술적 강화를 통해 인간의 신체적, 인지적, 정서적 능력을 향상시키려는 움직임이 그것

---

[1] Nick Bostrom, 「Journal of Evolution and Technology-Vol. 14」, A History of Transhumanist Thought (nickbostrom.com)

이다. 이 기술들이 우리 일상에 통합되면, 지금의 인간에게 기계적 및 생물학적 하이브리드의 형태로 변화가 일어날 수도 있다

트랜스휴먼이란 용어는 1957년 영국의 발전 생물학자인 줄리언 헉슬리(Sir Julian Huxley, 1887~1975)가 처음 사용하였다. 이미 1923년 영국 생화학자 J.B.S 홀데인(John Burdon Sanderson Haldane)은 "다이달로스 혹은 과학과 미래"(Daedalus, or, Science and the Future)에서 유전학을 사용하여 사람의 신장을 성장시키고, 지성을 높게 하며, 인공 자궁을 통한 태아 잉태를 다룬 인간 강화 소설을 소개했다.

트랜스휴먼(transhuman)은 현존하는 인간과 포스트휴먼(posthuman) 사이의 존재로, 개조를 통해 인간보다 훨씬 뛰어난 능력을 획득한 사람을 말한다.[2]

포스트휴먼은 트랜스휴먼보다 더 큰 개념이지만, 두 용어 모두 유전자 변형을 포함한 새로운 과학 지식을 활용해 인간의 정신, 육체, 지성을 강화하는 인간 강화(human enhancement)와 동의어로 사용된다.

트랜스휴먼이 된다는 것은 인간 강화를 선택한다는 것이며, 트랜스휴먼은 향상된 능력을 가진 존재인 '포스트휴먼'으로 변형되는 과도

---

[2] https://ko.wikipedia.org/wiki/트랜스휴먼

기적인 존재다.[3]

트랜스휴머니스트들이 생각하는 트랜스휴머니즘[4]을 잠시 살펴보도록 하자. 트랜스휴머니스트 철학자 나타샤 비타 모어(Natasha Vita More)는 트랜스휴머니즘을 '수명 연장, 지능 향상, 지식의 끊임없는 증가, 성격과 정체성에 대한 완전한 통제 달성, 지구를 떠날 수 있는 능력 획득 등 모든 형태의 인간 한계를 극복하기 위한 약속'으로 정의한다.

로빈 한슨(Robin Hanson)은 이를 '새로운 기술이 다음 세기 또는 그 이후에 세상을 너무나도 많이 변화시켜, 우리 자손들이 여러 면에서 더이상 '인간'이 아닐 것이라는 아이디어'로 전망한다.

닉 보스트롬(Nick Bostrom)과 데이비드 피어스는 '노화 제거, 지능과 육체적, 정신적 능력을 강화하기 위한 기술 개발과 이성을 응용하여 인간 조건의 개선 가능성과 정당성을 지지하는 지적, 문화적 운동'으로 설명한다.[5]

---

[3] Wolfe Cary, *What Is Posthumanism?*(Univ Of Minnesota Press, 2010).

[4] Anders Sandberg's pages, "Definitions of Transhumanism," http://www.aleph.se/Trans/Intro/definitions.html "Definitions of Transhumanism"//Or Anders Transhuman Page: Acronyms

[5] World Transhumanist Association (2002–2005) (PDF). The transhumanist FAQ Archived 2006년 12월 31일, https://web.archive.org/web/20061231225013/http://www.transhumanism.org/resources/FAQv21.pdf

이들은 근본적으로 인간 유기체를 재설계하거나[6] 신기술을 통해 사람의 정신적, 육체적 능력을 향상시키는데 집중하며, '포스트휴먼'이라는 인간 형태를 실현하는 것을 목표로 한다.

이는 단순한 과학적 접근을 넘어서 기존의 가치와 규범을 초월하고자 하는 신념을 반영한다. 죽음을 극복하려는 과학 기술 실험은 윤리적 및 문화적 한계를 뛰어넘어야 하는 이슈가 있기 때문이다.

닉 보스트롬의 트랜스휴머니즘 역사 탐구에 따르면, 이러한 사상과 코드는 계몽주의 시대에도 찾아볼 수 있다. 프랑스 의사이자 최초의 유물론자 작가인 라메트리(Julien Jean Offroy de La Mettrie)는 『인간 기계론』(*L'Homme Machine*)에서, 영혼을 뇌의 물질적 구조로 보고, 뇌를 이 기계 전체의 '태엽'으로 기술했다. 그의 유물론적 관점은 인간의 본성을 조작 가능한 것으로 보고, 외부에서 사물을 조작하듯 학습할 수 있다고 주장했다.

이 사상은 니체의 철학으로 확장되어, 트랜스휴머니즘은 계몽주의, 르네상스, 근대 철학의 사상적 계보를 따르며 인본주의 이론적 토대 위에 서게 되었다.

---

[6] "'Transhumanist FAQ.' Humanity+. Version 3.0. c. 2016 [Version 1.0 published c. 1998]. Archived (PDF) from the original on 2006-12-31. Retrieved 2018-08-13

또한, 기술과 과학의 발전은 '인간'의 정의를 확장하는 새로운 경계를 모색하고 있다. 즉, 현실 세계에서 새로운 형태의 존재인 인간-기계 하이브리드와 생물학적 하이브리드 인간의 등장이 구현될 수 있다.

이러한 논의는 예술과 미학 분야까지 확장되고 있다. 신체적 능력의 향상을 넘어서 우리가 인간을 어떻게 정의하고 이해할 것인가에 대한 근본적인 질문을 던져주고 있다. 이 새로운 경계를 살펴보도록 하자.

3. 하이브리드 아트, 아르스 일렉트로니카

앞서 말한 트랜스휴먼 비전이란 주제는 오스트리아 린츠에 위치한 문화·교육·과학재단 '아르스일렉트로니카'(Ars Electronica)의 '하이브리드 아트'와도 연결된다. 이 기관은 하이브리드 아트를 특화하여 우수한 작품에 '골든 니카상'을 수여한다. 이 상은 영화계의 아카데미상과 견줄 만한 명성을 지녔다.

신체 변형 미술과 바이오 아트는 마치 C.S 루이스의 『나니아 연대기』 속 세계에 들어선 것 같은 인상을 준다.[7] 사슴 발을 가진 인간, 황소 머리를 한 인간, 변형된 이목구비를 가진 생명체 등 인간과 동물의 형상이 혼합된 다양한 생명체들이 공존하는 듯한 인상을 준다.

그림15. 나니아 세계(출처: DALL-E)

2011년에는 '아르 오리앙테 오브제'(Art orienté objet)의 작품 <아마도 내 안에 말이 살고 있을지도 몰라>가 골든 니카상을 수상했다.

---

[7] 전혜숙, 『포스트휴먼 시대의 미술』(아카넷, 2016), 105.

마리옹 라발 장테(Marion laval-Jeantet)와 브누아 망쟁(Benoît Mangin)으로 구성된 현대 미술 그룹인 아르 오리앙테 오브제는 과학과 예술의 결합을 통해 종의 경계를 넘나드는 작업을 선보였다.

그림16. 아르스일렉트로니카 전경(밤 풍경)

한 퍼포먼스에서 라발-장테는 말의 혈청을 자신의 몸에 수혈받아, 인간의 신체적 한계를 실험하였다.[8] 이 종간 수혈 이후, 그는 갑

---

[8] 이재은, "포스트휴먼 시대 사이보그의 알레고리에 대한 연구: 아르 오리앙테 오브제의 <아마도 내 안에 말이 살고 있을지도 몰라>" 한국미술이론학회, 「미술이론과현장」, 2011.

작스러운 식욕 증가와 체력 강화를 느꼈다고 전한다. 말 전문가와 면역학자들은 이런 증상이 말에게 전형적인 반응이라고 설명한다.[9]

이 퍼포먼스를 위해, 라발-장테는 삼 개월 전부터 의사와 협업하여 가공된 말의 피를 준비했다. 이 작업은 생명공학을 통해 인간과 비인간을 구분하는 인간 중심적 시각에 대한 도전이라는 평가를 받는다.

한편, 스텔락(Stelarc)[10]은 신체의 진부함을 주장하며, 2010년 자신의 팔에 인공으로 조직 배양된 귀를 이식한 '팔 위의 귀'로 골든 니카상을 수상했다. 이 귀는 인터넷에 직접 연결되어 세계 곳곳의 소리를 들을 수 있도록 설계되었다. 이 작업은 신체를 넘어서는 연결의 시도를 보여주며, 신체와 기술 사이의 경계를 흐리게 한다.[11]

스텔락은 1980년대부터 신체와 기계의 결합을 통해 사이보그의 형태를 탐구해 왔으며, 그의 작품은 신체의 생리학적 한계를 넘어서려는 시도를 담고 있다. <제3의 팔>(1980), <Ping Body>(1995), <Scanning Robot/Automatic Arm>(1995), <Fractal Flesh>(1996) 등이 그 예다.

---

[9] 전혜숙, 『포스트휴먼 시대의 미술』, 73.

[10] 전혜숙, "스텔락의 '사이보그 퍼포먼스'를 통해 본 미술 속의 새로운 신체 개념" 한국기초조형학회, 「기초조형학연구」, 11(2), 241-252.

[11] Clara Rodríguez Fernández, "Stelarc-Making Art out of the Human Body" https://www.labiotech.eu/trends-news/stelarc-ear-art-human-body/

그림17. 스텔락의 팔 위의 귀(Ear on Arm, 출처:위키피디아)

이 외에도 많은 예술가는 인간의 신체적, 생물학적 한계를 넘어서는 작품을 시도한다. 대표적으로 바티 커(Bharti Kher), 대니얼 리(Daniel Lee), 에두아르도 카츠(Eduardo Kac), 패트리샤 피치니니(Patricia Piccinini) 등이 있다.

그렇다면 이러한 예술가들이 영감을 얻는 원천은 무엇일까?

일부 예술가는 정보와 기술의 발전으로부터 얻은 영감을 자신의 작품에 반영한다.

반면, 초현실주의나 신화에서 영감을 받은 작가들도 있다. 패트리샤 피치니니는 사람과 다른 생물 그리고 인공과 자연 사이의 복잡한 관계에 초점을 맞춘다. 많은 평론가가 피치니니의 작품을 과학과 기

술의 관점에서 분석하지만, 그녀는 작품의 영감을 주로 초현실주의와 신화에서 받는다고 언급한다.[12]

대니얼 리(Daniel Lee)는 인간 존재의 발전과 변화에 대한 끊임없는 관심을 가지고 있으며, 그의 일부 작품은 꿈에 관한 단편 소설에서 영감을 받았다고 한다.[13]

이들은 인간과 기술, 자연과 인공 사이의 경계를 허물어뜨리는 작품을 창조한다. 이를 통해 인간 본성에 관한 심도 있는 질문을 던지기도 한다.

4. 하버드대학교 미학과 문화학과 교양 과목

이런 창조적 노력은 고대부터 현대에 이르기까지 이어져 오고 있다.

오늘날의 현대 예술 교육은 이러한 영감을 주는가?

---

[12] "Patriciapiccinini," https://www.patriciapiccinini.net/a-cv. php, "What Are Patricia Piccinini's Works About?," https://www.thecollector.com/what-are-patricia-piccinini-works-about/

[13] "Daniel Lee," http://www.daniellee.com/recent

단적인 예로 하버드대학교 미학과 문화학과의 교양 강좌들을 통해 예술가들이 어떻게 역사적 뿌리와 연결되어 새로운 아이디어를 얻을 수 있는지 발견할 수 있다.

그림 18. 고대 영웅 아킬레스와 멤논(BC.520)

하버드대학교 미학과 교양 수업 중 브리짓 립비 교수가 진행하는 "고대와 오늘날의 신화"[Classical Mythology: Myth in Antiquity and Today, Prof: Libby, Brigitte, Gen Ed1110][14] 과목은 고대 이야기가 오늘날 우리의 세계관에 어떻게 영향을 미치는지 보여준다. 이 과목들을 통해 학생들은 인간의 본성, 우리가 사는 세계, 그리고 우리 자신의 삶에 대한 더 깊은 이해를 얻으며, 신화가 오늘날에도 여전히 우리의 삶과 문화에 깊이 영향을 미치고 있음을 인식할 수 있다.

또한, 그레고리 나지 교수의 "고대 그리스 영웅"(The Ancient Greek Hero, Prof: Gregory Nagy, Gen Ed 1074)[15] 과목은 신과 인간의 하이브리

---

[14] Rachel Love, "Classical Mythology: Myth in Antiquity and Today (Gen Ed 1110)," https://gened.fas.harvard.edu/classes/classical-mythology-myth-antiquity-and-today

[15] Gregory Nagy, "HarvardX: The Ancient Greek Hero," https://www.edx.org/

드로서 특별한 능력을 가진 영웅들을 조명한다. 특히, 고대 영웅들이 어떻게 죽음을 바라보았는지 다룬다.

그는 니체의 위버멘시(Übermensch)의 초인 이론을 접목하여, 그리스 영웅들의 이야기는 우리 모두가 결국 죽음을 맞이한다는 사실을 강조한다고 말한다. 그것을 통해 학생들은 인간과 초인간적 존재 사이의 관계를 탐색하고, 불멸에 대한 갈망을 이해하게 된다.

그는 신과 인간을 구별 짓는 근본적인 차이점으로, 인간의 존재와 운명에 대한 근본적인 질문을 던진다.

> 분명한 것은 언젠가는 우리도 죽는다는 사실이며, 그 사실은 우리가 인간임을 확인시켜 주는 것이다. 이것이 바로 미래에 있을 죽음에 대해 의식하지 못하는 짐승들, 불멸인 존재인 신과 인간이 구별된다는 점이다.

니체의 '초인'은 초월적 힘을 가진 슈퍼맨을 의미하지 않았다. 단지, 인간의 유한한 운명에서 벗어나는 데 기존 윤리의 장벽을 벗어나기 위해 초인 이론을 차용한 것이다.

---

learn/greek-heroes/harvard-university-the-ancient-greek-hero

니체의 '초인'(독일어 Übermensch, 더 나은 사람) 이론은 트랜스휴머니즘의 주요 영감으로 생각할 수 있다고 철학자 닉 보스트롬(Nick Bostrom)은 말하고 있다.[16]

고대 그리스 로마 신화의 이러한 정신적 근원은 인간 강화를 위한 유전공학적, 사이보그적 변형에 대한 현대적 콘셉트와도 연결된다.

이와 같이 그리스 영웅들의 시련과 불멸에 대한 역사적 뿌리는 현대적 맥락에서 재해석을 통해 오늘날의 문화 예술 현상으로 이어진다.

그렇다면 이런 문화 예술 현상을 스며드는 인간 강화에 대한 익숙함이 우리 실생활에 어떤 영향을 미치게 될지 살펴보도록 하자.

---

[16] Nick Bostrom, "A History of Transhumanist", Journal of Evolution and Technology, Vol. 14 (Issue 1, April 2005).4

제5장

윤리적 문제

1. 인간 강화와 윤리

1997년 5월, 존스홉킨스대학교의 연구자들은 「네이처」 저널에 GDF-8 (성장분화 인자-8) 유전자가 제거된 쥐가 일반 쥐보다 세 배 크게 성장한다는 연구 결과를 발표했다.[1] 이 연구는 과거의 마이티 마우스와 같은 만화 캐릭터를 현실로 만드는 것처럼 보였다.

'슈퍼 쥐'는 유전학적 개입을 통해 놀라운 신체적 변화가 가능함을 보여주었고, 이는 과학적 상상력을 자극했다. 이처럼 과거에는 상상 속에서나 볼 법한 일들이 현실에서 시도되고 있다.

---

[1] Alexadra C. Mcpherron, Ann M.Lawler & Se-Jin Lee, "Regulation of skeletal muscle mass in mice by a new TGF-p superfamily member," Nature 387, 83-90 (1997), https://www.nature.com/articles/387083a0

유전자 편집, 디자이너 베이비, 우생학뿐만 아니라, 인간과 동식물의 DNA를 혼합함으로써 인간과 동물 사이의 경계가 허물어질 수 있다.

또한, 가까운 미래에는 BMI(Brain Machine Interfaces) 기술을 통해 생각을 업로드, 다운로드하며 뇌의 특정 기능을 향상시키고, 인간에게 AI의 기계 지능을 연결함으로써 인간과 기계의 연결이 자연스러울 수도 있을 것이다.

트랜스휴머니즘을 기반으로 한 포스트휴먼으로서의 새로운 인간 변형의 꿈은 현실이 될 가능성이 높다.

이러한 연구는 생명윤리학자, 법학자 및 학계의 지원을 받으며 활발히 진행되고 있다. 향후 '자연적인'(natural)이나 '인공적인'(artficial) 인간 중 어떤 선택을 할지 결정해야 할 때가 올 것이다.

극단적인 예로는 멸종된 동물을 부활시키거나 고대 전사의 DNA를 복원하려는 시도에까지 이르렀다. 이러한 실험들은 인간이 마치 신과 같은 창조의 능력을 가질 수 있다는 착각을 하게 한다.

예전에는 마술 같던 일들이 이제는 과학으로 변하면서 인간 종족 자체가 변형될 수 있는 지점까지 도달했다.

이는 우리에게 중대한 질문을 던진다.

단순히 생명 연장과 역노화로 무병장수의 낙관적 미래만을 기대할 수 있을까?

과학적으로 인류에게 긍정적인 영향을 줄 수도 있지만, 동시에 예측할 수 없는 부작용도 초래할 수 있다. 그러므로 단순히 과학적 또는 기술적 질문을 넘어서, 우리 사회가 이 기술들을 어떻게 통제하고, 윤리적으로 접근할 것인지 함께 생각해 보자.

2. 장기주의와 트랜스휴머니즘

다가오지 않은 위협과 실존의 위험을 줄이기 위해서 어떤 일을 해야 할지 생각하는 콘셉트를 장기주의(Longtermism)라고 한다. 최대 인원에게 최대 이익을 주기 위한 공리주의와는 다소 다르다.

장기주의는 지구의 빈곤 완화, 동물의 고통을 줄이는 등의 장기적인 잠재력을 위협하지 않는, '우리의 기분만 좋게 하는 프로젝트에 유한한 자원을 낭비하지 말자'고 한다.

그러면서 세계의 장기적 전망을 개선하기 위해서 트랜스휴먼을 개발하는 서구의 두뇌들에게 투자해야 한다는 것이다. 투자는 수십억 달러 단위로 이뤄진다.

이들은 일반적인 도덕 원칙보다는 장기적 위험에 대비한 좋은 일들을 하자고 주장한다.

일례로, 2020년 암스테르담대학교의 법이론가인 브리타 교수(Britta C van Beers)는 인간 생식 계열 편집 문제에 있어서, 인권과 인간 존엄성의 의미는 고정되어 있지 않으며 시간이 지남에 따라 발전할 수 있다는 주장을 들 수 있다.[2] 그는 인권이 1차원적 해석에 머무르는 것이 아닌지 의문을 제기하며, 인권의 집합론적 시각을 제시한다. 인권을 집합적 차원에서 보아, 인류 보존을 위해 자손에게 좋은 유전자를 물려주자는 것이다. 그리고 그 방법론으로 인간 생식 계열 편집을 논하고 있다. 그것은 인간 종 변형을 의미한다.

위의 아이디어들은 급박한 상황에서 인류 보전과 미래의 재난 대비라는 명목으로 일반적 도덕 원칙이 무시될 가능성을 안고 있다. 이런 사상들은 무엇이 선한지 절대적 기준을 거부한 시대를 대변하는 것은 아닌지 의문을 던지게 한다.

---

2 Britta C van Beers, "Rewriting the human genome, rewriting human rights law? Human rights, human dignity, and human germline modification in the CRISPR era", Journal of Law and the Biosciences, Vol 7, Issue 1, January-June 2020, lsaa006, https://doi.org/10.1093/jlb/lsaa006

3. 인간 종의 혼란

하버드대학교의 글렌 코헨(I. Glenn Cohen) 교수는 오픈 강좌인 "생명윤리: 생식 기술과 유전학의 법, 의학, 윤리"[The Law, Medicine, and Ethics of Reproductive Technologies and Genetics, prof: Glenn Cohen][3]에서 생식 기술 산업에서 발생하는 주요 문제뿐 아니라 인간과 다른 종과의 합성 실험 등에 대한 법적 옵션에 대해 생각해 본다. 또한, 인간 생식 재료 구매 및 판매를 시작으로 인간 조직과 유전 정보의 소유권과 사용, 그리고 다음의 주요 문제를 다룬다.

첫째, 다양한 유형의 출생 전·후의 인간 강화 규제 및 확장을 위한 법적 옵션
둘째, 인간-동물 잡종의 7가지 예
셋째, 잡종(하이브리드)의 규제, 확장에 관한 도덕적, 윤리적 아이디어

---

[3] I. Glenn Cohen, "Bioethics: The Law, Medicine, and Ethics of Reproductive Technologies and Genetics," https://pll.harvard.edu/course/bioethics-law-medicine-and-ethics-reproductive-technologies-and-genetics?delta=2

이 내용이 '의학적, 생물학적 윤리적 기준이다' 라는 의미는 아니며, 법대생, 예비 법대생, 의료 전문가를 포함한 다양한 청중을 위해 설계된 과목이다.

인간 강화를 위해 인간과 동물과 식물 DNA까지 하이브리드화 하는 것을 지지하는 사회로 접어들고, 이것이 유행이나 옳은 가치로 여겨진다면, 인간의 고유한 위치와 특성이 보전될 것인가?

인간의 성품과 정체성을 소유하기 위한 한바탕 소동이 일어나지 않을까?

윤리와신흥기술연구소(Institute for Ethics and Emerging Technologies)의 전무 이사인 제임스 휴(Dr. James Hughe[4])는 인지 적성이 인격과 같아야 한다고 말하고 있다.

또한, 인간다움이 아닌 인지 기준을 헌법상 보호와 특권으로 확립해야 하는 것에 관하여 언급한 적이 있다. 그는 『시민 사이보그: 민주 사회가 새롭게 디자인된 미래의 인간에 응답해야 하는 이유』의 트랜스휴머니스트 가치에 대해 저술한 저자이기도 하다.

---

4 Science, Technology & the Future YouTube, "Cyborg Virtues: Using BCIs for Moral Enhancement - James Hughes," https://www.youtube.com/watch?v=o6c-be6RTHrU

그림19. 인간 강화된 트랜스휴먼과 미래 사회(출처: DALL-E)

만약 헌법의 보호와 특권의 기준이 인간 생명의 신성함이 아니라 인지 능력이 되면 어떻게 될까?

'인격'이 '인간다움'이 아닌 '인지 적성'으로 바뀌게 될 것이다.

인간 정체성을 단순히 아이큐(IQ)로 보는 사회는 어떤 모습일까?

이 사회에서는 향상된 유인원들도 '인격'을 얻을 수 있게 될 것이다. 또한, 직장에서 인간과 유사한 로봇 AI도 인간이 될 길이 생기게 된다.

인지 능력이 상실된 인간에게는 인격이 박탈되고, 장기 적출도 합리화될 수 있다. 인간은 지능이 있는 고깃덩어리 정도로 평가되어 기괴한 운명이 처할 수 있다.

물론, 불치병 정복, 인지 정서적 능력 향상에 있어서 혁신적 기술이 선용 되어야 한다.

그러나 AI의 등장과 함께 생명공학적 범주가 인간의 의미와 인권을 재정의해 나가려고 하고 있다. 인간 지위의 타락을 우리 손으로 자초하지 않아야 한다.

4. 두 가지 세계관의 충돌과 혼돈

그러면 인공지능과 트랜스휴먼을 어떻게 봐야 하는가?

케임브리지대학교의 유명한 양자역학자 존 폴킹혼(John Polkinghorne)은 현실의 본질을 파악하기 위한 두 가지 출발점이 있다고 한다.

첫째, '물리적 세계의 명백한 사실'에 근거한 하향식 환원주의 무신론이다. 인간을 조직화된 진흙 덩어리로 간주하며, 과학 기술을 통해 인간을 업그레이드하고 최종적으로 신과 같은 존재, 즉 호모 데우스로 만들려는 시도다.

둘째, '물리적 세계 이면의 신성한 의지와 목적'을 인정하는 상향식 기독교적 유신론이다.[5]

이 두 관점은 우리를 매우 다른 영역으로 인도한다.

물리적 배후에 존재하는 신성한 의지와 목적을 탐구하는 것은 환원주의 무신론자들이 접근하기 어려운 영역이다. 그러나 영국의 정치철학자이자 무신론자인 존 그레이(John Nicholas Gray)는 『일곱 종류의 무신론』(Seven Types of Atheism)[6]에서 현대의 무신론은 일신론의 연속이라고 소개한다. 신의 자리에 인문학, 과학, 기술, 트랜스휴머니즘이 있다는 것이다. 트랜스휴머니즘은 과학 기술 일신론(techno-monotheism)인 것이다.[7]

이 시대에 인간이 과학 기술을 통해 가질 수 있는 약속은 인간 강화와 생명 연장이다. 그런데 현대 과학은 우리에게 지식을 제공하지

---

[5] John Polkinghorne, *Serious Talk : Science and Religion in Dialogue*(Harrisburg, PA: Oneworld,2016), 3,5.
[6] John Gray, *Seven Types of Atheism* (New York : Farrar,Straus and Giroux,2018),158.
[7] 존 C. 레녹스, 『2084』, 87.

만, 모든 현실을 볼 수 있는 눈을 제공하지는 못한다. 모든 인간이 신체 장기와 인지를 새롭게 한 트랜스휴먼이 된다고 해도 죽음을 피할 수는 없다.

프랑스의 법학자 알랭 쉬피오(Alain Supiot)는 과학에 대한 신념이나 죽지 않을 수도 있다는 기대감이 있을지라도, 무한한 존재로의 꿈은 결국 인간 존재를 해체시켜버리는 것으로 귀결된다고 말한다. 인간이 모든 제약에서 벗어나는 때는 바로 인간이라는 존재가 해체되어 없어질 때뿐이기 때문이다.[8]

그러므로 신 만들기를 시작한다면 인간 생명 존엄성 및 인간 본성의 유일성을 해칠 수 있다.[9] 우리는 인간을 단순한 물질로 환원할 것인지, 아니면 특별한 목적을 가지고 만들어진 존재로 인식할 것인지 선택해야 한다.

옥스퍼드대학교의 존 레녹스(John C. Lennox)는 인간의 지성과 의식이 비물질적인 것으로 연결되어 있다고 말한다.[10] 인간은 3차원에 속하였으나, 다른 차원과 연결되어 있다는 것이다. 독일의 신학자

---

[8] 알랭 쉬피오, 『법률적 인간의 출현』, 박제성, 배영란 역(글항아리출판사, 2015), 44.

[9] Ronald J.Sider , Dianne Knippers, "Toward an Evangelical Public Policy: Political Strategies for the Health of the Nation," 371.

[10] 존 C. 레녹스, 『2084』, 95.

칼 바르트(Karl Barth)는 인간을 영혼이 육화된 존재라고 설명하였다.

과학이 모든 답을 제공할 수 없음을 인정하고, 더 넓은 관점에서 현실을 바라보아야 한다. 미시 세계를 보기 위해서는 일반 물리에서 양자 물리로의 발전이 필요했고, 돋보기와 망원경이 아닌 다양한 원자 현미경이 개발되어야 했다.

이론물리학 분야에서는 4차원 이상의 추가적인 차원의 존재 가능성을 이야기한다. 특히, 초끈 이론은 우주의 모든 기본적인 상호 작용을 설명하기 위해 10차원 또는 11차원 공간을 필요로 한다. 고차원의 존재를 '설명'하는 것은 주로 이론적인 모델과 수학적 계산을 통해 이루어지므로, 입자물리학에서 실험적 증거를 위한 연구는 계속되고 있다.

오늘날 많은 이가 범용인공지능(AGI)에 대한 기대와 이후의 영향을 심각하게 고민하고 있다. 이런 상황에서 인공지능에 관한 다양한 관점을 고려하며 균형 잡힌 선택과 대안을 마련하는 것은 매우 합리적이다.

필자는 다양한 관점을 이해하고 바라보면서 시간을 보내왔다. 서로의 관점에서 어떻게 상호 작용을 하는지 나눌 수 있다면 이보다 더 좋은 일은 없을 것이다.

이제는 다른 차원의 사건으로 이동해 보자.

기원전(B.C.)과 기원후(A.D.)로 인류 역사를 나눈 예수 그리스도의 출현이다. 예수의 탄생은 결코 우연이 아니었다. 1600년에 걸쳐 40여 명의 인물이 300회 이상 예수의 오심을 예언했다. 역사적 기록에 따르면, 예수는 이 예언들을 정확히 충족시킨 유일한 인물이며, 그의 역사적 실재성은 많은 학자에 의해 검증되었다. 이를 충족시킬 확률은 1조 13승분의 1이라는 천문학적인 수치다.

또한, 예수의 독특함은 자신을 하나님 또는 하나님의 아들(데우스)이자 사람의 아들(Son of Man, 인자)이라고 주장한 데 있다. 그는 자신을 '호모 데우스'라고 했던 것이다. 실제로 이 주장이 예수가 처형된 주요 이유였다. 당시 유대인들은 인간이 신을 자처하는 것을 받아들일 수 없었고, 이를 신성 모독으로 간주해 로마 행정관에 의해 사형을 집행 당하게 했다.

하지만, 어떻게 신적 존재가 죽음을 맞이할 수 있을까?

이 책에서 탐구해온 바와 같이 자신을 호모 데우스라고 주장한 이가 있다면, 그는 당연히 불멸해야 한다.

그런데 예수의 죽음은, 역설적으로, 모든 인류에게 영생을 부여하기 위한 목적에서 비롯되었다. 예수의 죽음이 갖는 신비는 죄를 소멸시킴으로써 죄의 궁극적 결과인 죽음을 극복한 데 있다. 이는 그의 빈 무덤을 통해 입증되었다. 빈 무덤은 그가 실제로 죽음을 이겨

내고 부활했다는 명백한 증거다.[11]

예수의 부활은 그가 진정한 호모 데우스, 즉 신적 인간임을 세상에 드러내는 결정적인 사건이었다.

놀랍지 않은가?

하향식 무신론은 호모 데우스가 되려는 인간의 노력이다. 반면, 상향식 기독교 유신론은 위로부터 내려온 신이 인간의 육신을 입고 죽음을 멸하고 부활에 이르게 한 것이다.

그러므로 이제 우리는 과학주의 일신론에 속할 것인지, 아니면 과학보다 더 많은 차원을 커버할 수 있는 신성한 목적과 의지에 근거한 과학적 사고를 할 것인지 선택해야 한다.

죽음을 없애기 위한 인간의 노력은 단순한 개발과 강화로는 해결될 수 없는 문제다.

인간 강화의 끝이 모두 비극적 종말로 끝났다는 역사의 교훈을 잊지 말아야 한다. 히틀러의 우생학과 마르크스-레닌의 공산주의 실험 모두 인간의 파멸과 더 많은 죽음을 불러왔다.

인간을 단순히 보이지 않는 원자와 먼지로 환원된 존재로 믿을지, 아니면 특별한 목적을 가지고 존재하는 것으로 인식할 것인지 결정

---

[11] 리 스트로벨,『예수는 역사다』, 윤관희 역(두란노, 2021), 285.

해야 한다.

하늘에서 온 호모 데우스는 단순한 육체의 장수만을 영생으로 여기지 않았다.

태고의 인간은 '에덴'에서 '이 땅의 신'과 같은 존재였다. 에덴은 고대 수메르 언어로 '환희'를 의미한다. 에덴은 영원 전부터 사랑의 대상이 된 사람에게 풍요와 행복과 환희를 누리게 하는 장소였다.

그러나 인간은 창조자의 지위를 원했고, 유혹에 넘어가 금지된 선을 넘었다. 이것이 죄의 시작이며, 결과적으로 사망이 찾아왔다.

사망은 영원한 존재와의 연결이 끊긴 것을 의미하며, 더 나아가 육체적 죽음에 이르렀다. 이와는 반대로 영원한 존재와 연결은 우리를 죽음에서 진정한 생명으로 옮겨 준다.

5. 예수가 보여준 호모 데우스 정신

현재 진행되고 있는 AI의 발전과 트랜스휴머니즘의 방향성은 제어할 수 없는 자동차와 같다.

그러므로 지금 우리에게 진정한 인문학적, 신학적 통찰이 필요하다.

우리는 그 답을 호모 데우스의 참모습을 보여준 예수 그리스도로부터 찾아야 한다. 공산주의 혁명이 일어나기 직전, 러시아의 문호 톨스토이가 러시아의 문제에 대한 답을 예수 그리스도로부터 찾았던 것처럼 말이다.

성경은 진정한 영생에 대한 답, 곧 창세 전에 예수 그리스도는 그의 아버지와 아들이 하나가 되어 누린 사랑과 영광이 존재함을 말하고 있다. 예수 그리스도는 (십자가 형벌을 받기 전날) 창세 전의 연합으로 돌아가기 전, 그 연합과 사랑을 세상이 알고 그 영광을 세상이 보길 원한다고 기도하였다.

우리는 하늘에서 온 진정한 호모 데우스를 통해 지금 속해 있는 차원이 아닌, 다른 차원의 영생으로 접속될 수 있다. 영생의 진정한 의미는 이 땅에서 육신으로 영원히 사는 것이 아님을 역설하는 것이다.

옥스퍼드대학교의 수학자인 존 레녹스는 범용인공지능(AGI)이 궁극적인 목표에 도달할 것인가에 대한 증거나 합의가 아직까지 거의 없어 보인다고 한다. 그러나 대조적으로 예수 그리스도가 인간인 동시에 하나님(호모 데우스)이라는 증거는 차고 넘친다고 역설한다.[12]

---

[12] 존 C. 레녹스, 『2084』, 160.

에필로그

로마의 화려함과 아름다움 뒤에는 잔혹한 역사가 숨어 있다.

A.D. 64년 네로 황제를 시작으로 A.D. 313년 콘스탄티누스 황제의 밀라노 칙령이 공인되기까지, 다양한 형태의 기독교 박해가 진행되었다. 로마는 황제와 로마 신들에 대한 숭배를 통해 제국의 통합과 번영을 추구했으나, 하나님을 최고의 신으로 여기는 기독교인들은 숭배를 거부했다. 로마 신들에 대한 거부는 제국에 대한 반역으로 간주되어 심각한 박해를 초래했다.

A.D. 313년 콘스탄티누스 황제와 리키니우스는 밀라노 칙령을 통해 로마제국 내에서 기독교를 포함한 모든 종교의 자유로운 수행을 허용했다. 이로써 기독교는 로마제국에서 공식적으로 인정받는 종교가 되었고, 수십 년에 걸쳐 제국의 주요 종교로 자리잡게 되었다.

A.D. 64년-A.D. 313년을 오늘의 용어로 바꾸어 보면 어떨까?

오늘의 상황을 현대의 언어로 재해석한다면, 선진 문명을 이끄는 제국의 황제들은 스스로를 '호모 데우스', 즉 '신과 같은 인간'이라칭하고 법으로 자신에 대한 숭배를 강행하였다. 이 시스템에 반하는 이들은 법의 경계 밖으로 밀려나, 불법의 존재가 되었다.

현대 사회에서 '호모 데우스'가 어떤 모습을 취할지는 아직 불확실하다. 그러나 절대적인 권력과 능력이 한 곳에 집중될 때, 그 영향력은 상상을 초월할 것이다.

존 레녹스의 의견처럼 모든 인간에게 자신을 신처럼 숭배하라고 강요하는 영적 불법이 성행할 수 있다. 이는 단순히 민법이나 형법을 위반하는 것을 넘어서, 인간이 스스로를 '호모 데우스'로 여기며 벌이는 다른 차원의 불법인 것이다.

앞으로의 세상이 어떤 모습일지 정확히 알 수 있는 사람은 없다. 오직 상상만 가능하다. 이때에 누구를 호모 데우스로 여길지 우리의 선택과 세계관의 정리가 필요하다.

감사의 글

이 글이 탄생할 수 있었던 것은, 한국의 다양한 인공지능 연구가들과 교류와 현대 응용 기술 자료들을 일반인에게 공유한 서구의 선구자들 덕분이다(이 책에서는 고인이 되신 분들에게만 감사의 글을 남긴다).

척 미슬러(Chuck Missler)는 과학자이자 성경 교사, 경영인으로서 수십 년에 걸쳐 연구된 생명공학과 인공지능을 인체에 적용한 하이브리드 기술을 강의를 통해 공유했다. 지금은 고인이 되었지만, 그의 연구와 강의는 과학 기술과 현대를 유기적으로 연결시키는 역할을 했다.

토마스 혼(Dr. Tomas Horn)은 과학 기술의 현재와 미래를 통찰력 있게 조망하며, 신학, 윤리, 문화와의 접점을 제시했다. 지금은 더 이상 비밀이 아니지만, 당시 많은 비밀을 세상에 폭로하고 유린당한 어린이들의 회복을 돕는 데 큰 힘을 쏟았던 인물이다.

언어의 천재이자 신학자인 마이클 하이저(Dr. Michael Heiser)는 보이지 않는 영적 세계와 신학적 연결성을 탐구했다. 최근 우리 곁을 떠났지만, 그는 학문과 신학 사이의 형이하학적이며 형이상학적인 이중성에 대해 심오한 영감을 주었다.

모두의 업적에 깊은 감사를 드린다.